**Gebrauchsanweisung
für Prag und Tschechien**

Martin Becker

**Gebrauchsanweisung
für Prag und Tschechien**

PIPER
München Berlin Zürich

www.cpibooks.de/klimaneutral

Mehr über unsere Autoren und Bücher:
www.piper.de

ISBN 978-3-492-27675-7
© Piper Verlag GmbH, München/Berlin 2016
Satz: le-tex publishing services GmbH, Leipzig
Karte: cartomedia, Karlsruhe
FSC-Papier: Munken Premium von Arctic Paper
Munkedals AB, Schweden
Druck und Bindung: CPI books GmbH, Leck
Printed in Germany

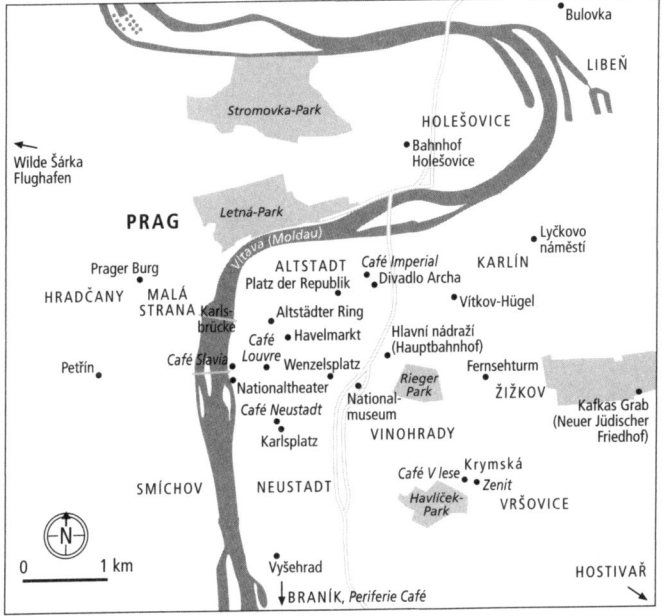

Inhalt

Herzlich willkommen: Prager Ochsereien — 9

Die unerträgliche Leichtigkeit der Stadt:
Eine ganz üble Liebe — 13

Ab in die Moldau: Anweisungen eines
ungeprüften Touristenführers I — 22

New Prague City: Klischee und Gegenklischee — 28

Hipster in Sicht? Wie die jungen
Pragerinnen und Prager die Stadt umkrempeln — 34

Ganz oben, ganz unten, ganz laut:
Wo wohnen? — 40

Auf in die Stadt: Anweisungen eines
ungeprüften Touristenführers II — 46

Die tschechische Seele: Sehnsucht ohne
Meer in Sicht — 51

Der Fluss, das Angeln, die Freiheit: Verlassen wir die Stadt	62
Böhmen hier, Mähren dort: *Brno* macht den Unterschied	70
Ein Theater als Arche: Was heute der Prager *Underground* ist	76
Karlín und die Flut: Ungeprüfter Touristenführer III	84
Gehen wir auf ein Bier: Eine legendäre Lebenslüge	88
Český humor: Das ist doch alles ein Witz	97
Ungeheimes Szeneviertel: Ungeprüfter Touristenführer IV	105
Unvermeidbares Scheitern: Tschechisch für junge und alte Anfänger	111
Schwestern wie Tag und Nacht: Die Prager Metro und die Prager Straßenbahn	117
Speck ist unser Gemüse: Die böhmische Küche und ihre Revolution	130
Eine Nicht-Führung durch das Zentrum und die Altstadt: Ungeprüfter Touristenführer V	139
Kafka reloaded: Was der Prager Jurist der Stadt bis heute beschert	144
Karlsbader Blues: Sprudelstadt im Regen	154

Die Ruhe im Lärm. Vinohrady und Vršovice: Ungeprüfter Touristenführer VI	**169**
Alois: Der Mythos der tschechischen Eisenbahn und wohin er uns bringt	**173**
Bohumil: Eine alternative Chronik anhand der Bafler	**183**
Wohnzimmercafés und Kohlenstaub: Eine Reise ins wilde Ostrava	**194**
Die Prager Abende und Nächte: Warum es sich lohnt, durchzumachen	**200**
Abschied auf dem *Vyšehrad*: Ungeprüfter Touristenführer VII	**205**
Geschichte im Nebel: Ein Ausflug ins Altvatergebirge	**208**
Einfach nur *lítost*: Ein Liebesbrief	**215**
Pinguine, Rehböcke, Stille: Literarische Erkundungen	**219**
Quellenangaben	**221**

Herzlich willkommen: Prager Ochsereien

Bei meinem allerersten Mal wusste ich überhaupt nichts über Tschechien. Ich hatte keinen Reiseführer gelesen, mich nicht mit der Sprache beschäftigt, geschweige denn mit der Geschichte des Landes. Ich hatte also absolut keinen blassen Schimmer. Aber das war vielleicht sogar ganz gut so. Denn mal ehrlich, wie sonst verlieren wir unser Herz im Flug? Wir stehen morgens auf und haben nicht die Spur einer Ahnung, dass wir noch am selben Tag, sagen wir, in der Kneipe oder sonstwo, vom Blitz getroffen werden, dass wir nach Hause torkeln, ohne betrunken zu sein, dass wir uns verliebt haben, dass danach nichts mehr so sein wird wie vorher.

Ich gebe zu, ich schweife jetzt schon ab im mäandernden Stil der tschechischen Kneipengeschichte, aber Hand aufs aufgeregt schlagende Herz, das geht ja auch gar nicht anders. Denn wenn ich von Tschechien spreche, dann muss ich von Liebe sprechen. Und verliebt war ich tatsächlich sofort. Als ich zum ersten Mal die ungewohnten Häkchen der Sprache auf den Anzeigetafeln in der Metro sah, als mir die unverwechselbaren Küchengerüche in die Nase stiegen – und als ich gleich an meinem ersten Abend in dem Prager Krankenhaus landete, in dem einst der Nationaldichter Bohumil Hrabal beim Taubenfüttern aus dem Fenster und in den Tod stürzte, woraufhin die Eisenbahner ihm zu Ehren streikten. Aber da sind wir schon mitten in den unglaublichen Geschichten, die man zwangsläufig erlebt, die zur Stadt und zum Land gehören wie das Bier und der frittierte Käse, um gleich mal einige Klischees zu bedienen, die so falsch gar nicht sind.

Prag ist, das muss man wissen, wenn man dem Charme der Stadt erliegen will, mehr als die Summe seiner Türme und Brücken über die Moldau. Die gibt es auch. Und die haben natürlich ihren Reiz. Aber eigentlich ist die Stadt immer dort wirklich überwältigend, wo man es nicht gleich erwartet. In unspektakulären Spelunken und in nieselnassen Nächten. In schmutzigen Seitengassen und abgerockten Straßenbahnwagen.

Ich kenne keine Stadt in Mitteleuropa, in der Geschichte und Literatur so permanent präsent sind. Man begegnet ihnen auf Schritt und Tritt, beispielsweise den Erinnerungen an die großen Geister der Stadt, nehmen wir nur Franz Kafka oder Jaroslav Hašek. Und ich kenne keine andere Metropole in Europa, die sich derart radikal verändert: Neue Cafés schießen wie Pilze aus dem Boden, die kulturelle Szene blüht – wenn man sich auch nicht die Illusion machen muss, von seinem Schreiben oder von seinen Songs nur annähernd leben zu können.

Gehen wir zu den Orten, die man ohne tschechischen Beistand nicht sieht, verlassen wir die ausgetretenen Pfade der touristischen Massen, verlieren wir uns an die Tage und

Nächte in einer der aufregendsten Metropolen. Klar sollte man unten an Kafkas Grab und oben auf der Prager Burg gewesen sein. Klar muss man mal Knödel und Schweinebraten essen, das ist ja mittlerweile sogar vegan möglich, und sich danach vom freundlichen Ober freundlich übers Ohr hauen lassen. Klar kann man sich ein Mal im Leben eine touristische Erkältung holen, weil man sich von einem frierenden Touristenzeichner im Schatten ebenso frierender Jazzcombos auf der Karlsbrücke verewigen lässt – aber was kommt dann?

Dann fängt Prag erst richtig an. Dann beginnt die Stadt, mit uns zu reden. Und wenn Sie direkt nach dem Ausstieg aus dem Zug sofort antworten wollen: *Ahoj* heißt »Hallo«. *Ahoj* heißt »Auf Wiedersehen«. *Pivo* heißt »Bier«. *Láska* heißt »Liebe«. Und *Ty vole!* ist stets Ausdruck von Erstaunen, Empörung oder auch reinem Glück. Wörtlich übersetzt heißt die Floskel »Du Ochse!«, aber man kann sie wirklich jederzeit immer wieder einstreuen und damit mächtig ironischen Eindruck schinden, besonders, wenn es die einzigen tschechischen Worte sind, die man benutzt – zumindest in Prag, wo solcherlei Ochserei verstanden wird.

Diese Gebrauchsanweisung soll eine Anleitung geben zur sachgerechten Benutzung der Stadt und ihrer weiteren Umgebung – inklusive umfassender Würdigung der Tschechinnen und Tschechen und ihrer Eigenarten. Der unsterbliche Václav Havel, die jungen Pragerinnen und Prager, die der Stadt ein frisches Gesicht geben, die schlecht gelaunten Kellner und die wunderliche Dame, die tagtäglich Blumen verkauft auf dem Karlsplatz: Sie werden uns begleiten bei unseren Touren durch die tschechische Hauptstadt. Und jenseits der Stadtgrenze können wir in Zügen von betörender Langsamkeit auch den Rest des Landes erkunden. Wir werden allerlei Kafkareien erleben, wir werden Bekanntschaft mit der tschechischen Sprache machen und uns erzählen lassen, warum man in Ostrava manchmal besser die Klappe hält, wir werden uns wie James Bond im Karlsbader Kasino fühlen und am Ende des Abends keine Krone mehr in der Tasche haben und nur noch tschechischen Blues hören. Wir werden über zwei Stunden am Stück in der Straßenbahn sitzen und mindestens anderthalb Minuten Rolltreppe fahren, wir werden Fahrdienstleiter in pikanten Situationen beobachten und im Altvatergebirge an der tschechisch-polnischen Grenze nur noch dem Wind lauschen, bis der absolute Stillstand erreicht ist. Und mit etwas Glück hat im Wald die einzige Kneipe weit und breit noch geöffnet und wir können auf ein *kleines Bier* gehen, was aber durchaus eine ganze Nacht in Anspruch nehmen kann.

Man merkt es gleich: Viele Wege führen zur tschechischen Seele. Und alles ist im Grunde von Prag aus nur ein Katzensprung. Denn das Land ist klein, und die Züge sind zwar oftmals langsam, aber zuverlässig. Und auf den *český humor,* den tschechischen Humor, von dem die ganze Welt noch etwas lernen kann, kann man sich eh überall verlassen. Ist ja auch das Lebenselixier, neben dem Bier. Muss ja, sonst kommt man nicht durch. *To není vtip.* Ohne Witz.

P. S.: Das mit dem *Ty vole!* nehme ich lieber gleich zurück. Damit macht man sich möglicherweise doch zu sehr zum Ochsen. Eine gebürtige Pragerin erzählte mir nämlich gerade brühwarm, und dies gebe ich als wertvollen Expertenhinweis gern mit auf den Weg durch Tschechien und durch diese Gebrauchsanweisung: »Es gibt nichts Peinlicheres als Nicht-Muttersprachler, die dauernd ›*Ty vole!*‹ rufen. Egal, ob sie dabei einen Akzent haben oder nicht.« Was für ein wichtiger Ratschlag. *Ty vole!*

Die unerträgliche Leichtigkeit der Stadt: Eine ganz üble Liebe

Irgendwann zu Schulzeiten las ich aus freien Stücken *Die unerträgliche Leichtigkeit des Seins* von Milan Kundera. Diese obsessive Abhängigkeitsgeschichte zwischen Tomáš und Teresa, dem Prager Klinikarzt und der Serviererin vom Land. Vergeblichkeit und Erfüllung allen Liebens in Reinform, der ganze Trotz der zwischenmenschlichen Zuneigungen. Die Handlung spielt größtenteils in Prag, noch dazu um das Jahr 1968. Heißt also, Niederschlagung des Prager Frühlings, heißt also, kollektive Demütigung des ganzen Volks durch die sowjetischen Besatzer. Milan Kundera selbst verließ übrigens Mitte der Siebziger, vom Regime zur *persona non grata* erklärt, die Tschechoslowakei Richtung Frankreich, verlor seine tschechische Staatsbürgerschaft und pflegt seitdem ein ausgesprochen schwieriges Verhältnis zu seinem Heimatland.

Die unerträgliche Leichtigkeit des Seins, veröffentlicht 1984, erzählt von diesen furchtbaren Widrigkeiten eines totalitären Regimes ebenso wie von den furchtbaren Widersprüchlichkeiten einer totalen Liebe. Nie bin ich seither wieder so angesprungen worden von der zarten wie ungeheuren Melancholie eines Buchs. Pathetisch gesagt, ich wurde damals erfasst von einer federleichten Schwermut tschechischer Art, die seitdem auch in meinem Leben Wurzeln geschlagen hat. Und obwohl Prag als Stadt in den Beschreibungen Kunderas immer nur marginal vorkommt, obwohl fast keine Straße und kein Ort konkret benannt werden, vermittelt sich doch eine Atmosphäre, die bleibt. Eigentlich war es nach Kundera also nur eine Frage der Zeit, bis ich irgendwann dieses Prag sehen musste.

Vor mehr als einem Jahrzehnt schenkte ich also meiner damaligen Freundin zu unserem Jahrestag eine romantische Reise nach Tschechien. Und so bewegten wir uns zum ersten Mal im Eurocity von Dresden aus über die Grenze, wir Unwissenden, und so hörte ich zum ersten Mal den Klang dieser verzaubernden Sprache, denn kurz hinter Bad Schandau kippte das streng gebellte Zugdeutsch in für meine Ohren zärtlich gesäuseltes Bahntschechisch um.

Kurz vor Děčín leuchtete mir auf einem unbewohnten Abbruchhaus ein gespraytes, lachendes Gesicht entgegen, unter das der Graffitikünstler »GHETTO« notiert hatte. Und je näher der Zug sich an der Elbe entlang und durch die nordböhmische Landschaft in Richtung der Industriestadt Ústí nad Labem schob, desto dominanter wurde der Qualm aus den vielen Fabrikschloten. Nach dem Verlassen von Ústí, und das ist bis heute so, obwohl ich die Strecke sicher schon hundert Mal gefahren bin, erfasste mich eine innere Unruhe. Ich konnte nicht mehr lesen und nicht mehr Musik hören, ab jetzt gab es kein Halten mehr, ab jetzt war es nur noch gut eine Stunde. *Příští stanice: Praha.* »Nächste Station: Prag«.

Irgendwann nahm der Zug eine Kurve, und auf dem Hügel in der Ferne sah ich zum ersten Mal die Prager Burg. Kurzzeitig offenbarte sich also das Bild der Stadt, die sich in gewisser Art und Weise ja von allen Seiten an die Moldau anschmiegt oder sich ihr aufdrängt, je nach Perspektive. Ich sah die Brücken, die Türme, das ganze Panorama für einen kurzen Moment. Nach der nächsten Kurve war all das wieder verschwunden. Und mir wurde so übel, dass ich mich während der letzten Minuten der Fahrt mit den sanitären Anlagen des Eurocity vertraut machte.

Wäre ich jetzt sentimental, dann würde ich von der Überwältigung reden beim ersten Anblick der Stadt, dieses *Zuviel,* das mir erst auf die Sprache und dann auf den Magen schlug, aber leider ist nichts dergleichen wahr. Ich hatte am Tag vor der Abreise in Deutschland schlechtes Imbissessen gegessen, wollte diese Reise zum Jahrestag aber partout nicht absagen.

Jetzt also sind wir beim Schicksalsmoment fast schon Kundera'schen Ausmaßes angelangt: Mit grünblassem Gesicht und ziemlich wackligen Beinen fiel ich mehr aus dem Zug, als dass ich stieg, ehrlich gesagt wünschte ich mir nichts sehnlicher herbei als mein deutsches Sofa, aber dafür war es jetzt zu spät. Verfolgt von den zahlreichen Vermietern, die direkt vor dem Zug ihre weichen Betten für harte Kronen anboten, angetrieben von der reinen Idee, jetzt also endlich hier zu sein, ermuntert von den trällernden Melodien aus den schrebbelnden Lautsprechern, gestützt von meiner Freundin, die sich unseren Jahrestag wohl auch anders vorgestellt hatte, erreichten wir die Metro, erreichten wir die Station, erreichten wir die Pension, zum Glück weit genug entfernt vom Trubel der Innenstadt und mit Blick auf eine Regionalzugbrücke. Das Ganze übrigens an einem wirklich eiskalten Tag im Februar, an dem es niemals richtig hell wurde – ganz übel fing diese Liebe also an, was soll ich das beschönigen.

Natürlich hätte diese erste Begegnung mit Prag auch anders verlaufen können, aber das hob sich das Schicksal eben für später auf. Wäre es Sommer gewesen und der Magen in Ordnung, wir hätten uns ans Ufer der Moldau setzen und den scheinbar eigens für uns erdachten Choreografien der unzähligen Vögel auf dem im Sonnenuntergang blitzenden Dach des Nationaltheaters zusehen können, wie sie abheben und landen, abheben und landen. Wir hätten das Treiben auf den Brücken beobachtet und die Nummern der Straßenbahnen gezählt, bis sie sich wiederholt hätten. Heute weiß ich, dass das die Glücksmomente sind, aber so fing es eben nicht an mit mir und der, ach ja, Goldenen Stadt.

Röcheln statt Romantik, Bananen statt Burgen, Magentropfen statt Moldau – die einzige Unterhaltung in meinen ersten Prager Stunden, das passt aber doch eigentlich ganz gut, bot ein älterer tschechischer Bauarbeiter, der direkt vor unserem Pensionszimmerfenster eine Mauer errichtete. Und immer, wenn er in absoluter Rekordlangsamkeit und permanent mit seinem Kollegen quatschend dem Bauwerk einen neuen Stein hinzufügte, schaute er kurz und verschämt auf den blassgrün schimmernden Touristen auf dem Bett – und lächelte und nickte mir zu. Übrigens besserte sich auch diese Lage im Laufe der nächsten drei Tage nicht wesentlich, mag sein, dass sich die Mauer in unsichtbarer Art und Weise ausdehnte, mag sein, dass immer wieder Steine ausgetauscht und für nicht gut befunden wurden, mag sein, dass das alles nur ein sehr realer Fiebertraum war, aber auch am Tag unserer Abreise hatte das Bauwerk nicht an Umfang gewonnen. Manchmal bin ich mir sicher, dass jenes Mäuerchen, dessen Sinn sich mir übrigens auch nach über einem Jahrzehnt des Nachdenkens noch nicht erschlossen hat, bis heute auf seine Fertigstellung wartet. Und dass der Bauarbeiter gar kein Bauarbeiter war, sondern lediglich dazu abgestellt, schwächelnden Touristen ein verschämtes Lächeln zu schenken. Kafkareien wollen gehegt und gepflegt werden.

Gehen wir nicht auf gastroenteritische Details ein, irgendwann wurde die Entscheidung getroffen, einen Arzt zu konsultieren, irgendwann wurde aus unerfindlichem Grund von der Pensionsbetreiberin gleich der Krankenwagen gerufen, irgendwann lag ich also auf der Trage und fuhr das erste Mal durch Prag, ohne ein Wort Tschechisch, aber mit Blaulicht. Unsere Pension befand sich genau an der Grenze zum Innenstadtbezirk, in Karlín nämlich, Prag 8. Heißt also, das zuständige Krankenhaus war das Bulovka in Libeň, unendlich weit draußen für meine damaligen Begriffe. Überhaupt, der Name Bulovka löste damals noch nichts in mir aus.

Nach diversen Untersuchungen fragte mich der des Englischen mächtige Klinikarzt (er hieß übrigens, ich schwöre es, ich habe es auf seinem Namensschild gesehen, Tomáš mit Vornamen!), warum ich so wahnsinnig gewesen sei, diese Reise überhaupt zu machen. Ich konnte es ihm nicht sagen. Und warum ich mich weigern würde, im Krankenhaus zu bleiben, die Blutwerte seien bedenklich. Auch das konnte ich ihm nicht beantworten. Mit Magentropfen, strengen Anweisungen zur einzuhaltenden Bettruhe und Bananendiät entließ er mich also in meine erste Prager Nacht. Ein über die ganze Geschichte enorm amüsierter Taxifahrer mit enormem Schnauzbart brachte mich zurück zu meiner Pension. Zum Abschied sah er mir ins blassgrüne

Gesicht, bestaunte meine Augenringe, reichte mir seine Hand und sagte: *To je život.* »So ist das Leben.«

Und dann kam tatsächlich ein Moment, den ich nie wieder vergessen werde: Ich stand eine Weile dort allein vor der Unterkunft in der Kälte, hatte den winterlichen Geruch in der Nase, von Kohlenöfen und Essensdünsten, sah eine alte Dame mit dicker Brille im Erdgeschoss des Altbaus gegenüber ein Kreuzworträtsel lösen, beobachtete den vorbeiratternden Zug auf der scheinbar wackelnden Brückenkonstruktion, hörte tschechische Wortfetzen von dick eingepackten Passanten, und auf einmal wusste ich, so schwach und dumm, diese Reise überhaupt gemacht zu haben, was ich dem Arzt hätte antworten sollen: dass ich tatsächlich verliebt war. Ich kann es bis heute nicht erklären, aber von diesem magischen Moment an, als wäre da plötzlich eine Handbreit Luft zwischen mir und dem kaputten Prager Gehsteig gewesen, in diesem Bruchteil einer Sekunde, da war alles klar. Dass ich sobald wie möglich zurückkommen, dass ich mir die Sprache einverleiben würde, und sei es auch noch so kompliziert bei meinem fehlenden Talent, dass hier und genau hier der Ort war, der, Zufälle gibt es nicht, mich auf unbestimmte Art ausgesucht hatte oder ich ihn oder wir uns, wer weiß das schon.

Meine damalige Freundin und ich schleppten uns in den folgenden Tagen tatsächlich noch über die Karlsbrücke und durch die Altstadt, wir gingen über den trotz der Kälte in üblicher Zirkusmanier prosperierenden Wenzelsplatz, wir liefen durch die damals noch recht einsamen Straßen von Karlín, wo überall saniert wurde, die Folgen des furchtbaren Moldauhochwassers von 2002 waren noch längst nicht beseitigt. Viel mehr haben wir in unseren Tagen in Prag nicht geschafft, aber das war ja auch erst der Anfang: Nur einen Monat später kam ich zurück, fand ein Zimmer im Wohnheim der Technischen Universität für einige Tage, sprach im Grunde in der Zeit mit niemandem und war trotzdem glücklich. Meine damalige Freundin und ich suchten uns eine Lehrerin und fingen tatsächlich an, mit der tschechischen Grammatik zu kämpfen. Ein Paar sind wir zwar nicht mehr, aber dafür gute Freunde, und das Tschechische in all seinen Facetten spielt in unser beider Leben nach wie vor eine Rolle. Erst vor wenigen Monaten fuhren wir mal wieder gut eine Woche gemeinsam durch Böhmen und dachten an Bananen und die verpasste Prager Burg.

Und heute? Routine ist es immer noch nicht, wenn ich nach Tschechien komme. Und aus der Verliebtheit ist eine ganz schön mächtige Liebe geworden, mit allen Ecken und Kanten, mit Streit und Meinungsverschiedenheit, und ich kann sie mir eigentlich bis heute nicht so richtig erklären. Was ich weiß: Das Ganze funktioniert hervorragend als eine Art Fernbeziehung. Nie habe ich länger als mehrere Wochen am Stück in Tschechien verbracht. Aber immer wenn ich wiederum einige Wochen nicht dort bin, wenn zufällig ein tschechischer Politiker im Radio zu hören ist, wenn ich in meinem Bücherregal auf ein Buch von, sagen wir, Bohumil Hrabal stoße, dann wird die Sehnsucht so überwältigend groß, dass ich gleich losfahren muss. Dagegen hilft dann nicht mal mehr die *česká hudba,* die tschechische Musik, aus meinen Kopfhörern.

Noch immer habe ich nicht das richtige Maß gefunden in dieser Liebesgeschichte. Prag macht mich nach wie vor trunken, es beflügelt mich, Abende vergeude ich und sitze am Fluss, allein oder mit Freunden, ich verschwende meine

Zeit und genieße es, einfach dort zu sein. Ich setze mich in eine Straßenbahn und fahre bis nach, sagen wir, Braník, wo es eigentlich nichts zu geben scheint, ich nehme irgendeine Straße und lande in irgendeinem neuen Café in geradezu dörflicher Umgebung. Ich fahre mit der Metro in die Plattenbausiedlungen der Südstadt und gehe im endlosen Wald spazieren, den mir eine Prager Freundin vor Jahren zeigte – und wenn es Sommer ist und meine Orientierung funktioniert, dann finde ich sogar die Waldkneipe, esse eine Suppe und sehe den Flugzeugen zu, die innerhalb von Minuten auf dem Prager Flughafen landen werden, der mittlerweile nach Václav Havel benannt ist, dem Schriftsteller und ersten Präsidenten nach der *Samtenen Revolution*. Ich gehe in alte Kinos und durchschaue das Programm nicht ganz, und dann sitze ich zwei Stunden lang in einem tschechischen Film und bin stolz, dass ich doch fast alles verstanden und mir die Handlung zusammengereimt habe.

Ich trinke viel zu viel Bier (es trinkt sich allerdings auch sehr gut weg, wenig Kohlensäure und so, darauf kommen wir aber noch), ich habe mindestens drei bis vier Mal das Rauchen wieder angefangen vor lauter Überschwang, nur ausgelöst durch die unerträgliche Leichtigkeit dieser Stadt.

Gleichzeitig ist da auch der Kater, der nach jeder Besoffenheit lauert – und nichts kann so schlimm sein (und zugleich natürlich, wir wissen es, auf unbestimmte Art anziehend) wie tiefe Melancholie. Meine Prager Melancholie. Dann rückt mir alles auf die Pelle, dann sehe ich die Härten der Metropole, das immer schwerer werdende Leben vieler Menschen in der tschechischen Hauptstadt, die mit explodierenden Mieten und Supermarktpreisen und viel zu viel Arbeit für viel zu wenig Geld zu kämpfen haben. Altes Mütterchen, denke ich dann, du kannst ganz schön garstig sein. Was dann noch hilft, das sind tschechische Wunder. Ja, die gibt es, dafür lege ich meine Hand ins Feuer.

Bei meiner letzten Reise nach Prag beispielsweise wurde ich von der bleischweren Melancholie erfasst: Abreise geliebter Personen, plötzliche Einsamkeit, wie sie sonst nur in Kafka-Texten vorkommt. Doch das Wunder ließ nicht lange auf sich warten. Ich bezog eine kleine Pension, hatte allerdings meinen Ausweis vergessen – der für die Übernachtung aber, es gibt offenbar Kontrollen, unbedingt nötig war. Der Pensionsbesitzer überlegte nicht lange und verkündete mir: »Also gut, dann bürgere ich dich ein. Dann schreibe ich in den Computer, dass du Tscheche bist – und deinen Namen ändern wir einfach unauffällig ab in: Martin Beckař.«

Fünf Minuten später saß ich also mit meiner neuen Identität im Garten einer Kneipe und feierte meine Einbürgerung. Straßenbahnen fuhren im beruhigenden Fünfminutentakt vorbei, und als ich dann noch zufällig einen Bekannten traf, der in Prag die Kunst der Hummelzucht als Hobby betreibt und gern davon erzählt, da wusste ich, dass für Melancholie und Einsamkeit mal wieder kein Anlass bestand. Es war zwölf Uhr mittags und ich trank ein Bier, und vielleicht war es sogar alkoholfrei.

Ab in die Moldau: Anweisungen eines ungeprüften Touristenführers I

Nach so viel besoffenem Liebesgeschwafel mit alkoholfreiem Bier gehen wir das mit der Anleitung jetzt mal nüchtern an. Springen wir gemeinsam ins kalte Moldauwasser. Symbolisch natürlich nur, denn in Wirklichkeit ist das nicht besonders schön. Durch einen Fehltritt am Ufer ist mir das vor Jahren mal passiert, und ich kann Ihnen sagen: Die Moldau ist ungoldener und brackiger, als sie im ersten Moment aussieht.

Sie sind also aus dem (hoffentlich nicht verspäteten) Eurocity gestiegen, und das hoffentlich nicht zu früh – denn der Bahnhof *Holešovice* ist in der Tat der erste Halt auf Prager Boden, aber nicht zu verwechseln mit dem *Hlavní nádraží*, dem Hauptbahnhof. Nuschelt der Schaffner bei der Ansage allzu sehr, dann kann es zu folgenschweren Verwechslungen kommen – ganze Abiturklassen sah ich so schon in die Prager Peripherie stürmen, und als die Lehrerinnen und Lehrer den Fauxpas bemerkten, da waren die Türen des Zugs schon wieder zu.

Bringen wir sie gleich hinter uns, wenn wir schon dabei sind: Dinge, die Sie bitte unbedingt nicht machen sollten. Bei der Ankunft am Bahnhof *Holešovice* aussteigen (es sei denn, Ihr Quartier liegt genau dort), Geld in den Wechselstuben am Hauptbahnhof wechseln (der unschlagbare Kurs wird mit kleinen Tricks immer zu Ihrem Nachteil ausgelegt, aber wirklich immer – normale Geldautomaten sind die bessere Lösung), ein Taxi zur Unterkunft nehmen (erstens geht es mit der Straßenbahn oder Metro schneller, zweitens ist es wesentlich günstiger). Und glauben Sie bitte dem zwar nur sporadisch vorkommenden, aber immer noch vorhandenen Geldwechsler, der Sie auf Deutsch mit charmantem Akzent anspricht, nicht seine Geschichte von der kranken Oma in der Slowakei, für die er jetzt möglichst rasch möglichst viele Euros organisieren muss – es könnte sein, dass sie nicht stimmt.

Zu den anderen Fallstricken während Ihres ersten Aufenthalts (es sind nicht viele, aber es gibt sie doch): Vertrauen Sie nicht den teilweise als Tiere verkleideten Werbefiguren am *Václavské náměstí,* dem Wenzelsplatz, die Sie mit Fußreflexzonenmassagen oder erotischen Tanzangeboten locken wollen. Denn erotisch tanzende Tierkostüme bei gleichzeitiger Reflexzonenmassage sind vielleicht etwas viel für den Anfang. Hüten Sie sich vor allzu groß angeschriebenen Hinweisen auf *Traditional Czech Cuisine,* bestenfalls noch *for tourists* – nehmen Sie lieber das weniger gut besuchte und ein wenig zwielichtig erscheinende Lokal daneben, da steht alles nur auf Tschechisch, aber man wird Sie trotzdem verstehen und das Essen ist im Zweifelsfall wirklich *traditional* und noch dazu etwas *cheaper.*

Das Gleiche gilt für die zahllosen Touristenführungen, die lauthals und überall im Altstadtbereich beworben werden, das magische Prag, das Kafka-Prag, das untouristische Prag, das erotische Prag, das Prag in einer halben Stunde und das Prag vom Fluss aus. Es gibt natürlich liebevolle und gut gestaltete Führungen, aber auch hier gilt: Die leisen und weniger offensichtlichen Dinge sind oft die bessere Wahl. Hören Sie auf Ihr Bauchgefühl oder fragen Sie in Ihrer Unterkunft nach, die meisten tschechischen Pensions- und Hotelbetreiber haben, wenn man Ihnen mit ausreichender Freundlichkeit begegnet, ein gutes Herz und werden sich wirklich bemühen, Ihnen bei Ihren Wegen durch das Metropolendickicht nach Kräften zu helfen. Und noch eins: Glauben Sie auch dem anderen, sporadisch vorkommenden Geldwechsler auf der Karlsbrücke nicht, dass er gerade auf dem Sprung nach Österreich zu einer Hochzeit ist, seine Kreditkarte aber verloren hat und deshalb dringend einige Kronen in Euros wechseln muss – es könnte sein, dass auch seine Geschichte nicht stimmt.

Ach so, und das Allerwichtigste: Nehmen Sie sich Zeit. Lassen Sie alles auf sich wirken. Machen Sie an Ihrem ersten Nachmittag oder Abend nach der Ankunft in der aufregend neuen Stadt einfach alles und nichts, und zwar auf Tschechisch. Heißt: Suchen Sie sich, wenn es Sommer ist, einen lauschigen Biergarten, probieren Sie das absolut großartigste, und ich lehne mich jetzt bis kurz vor dem Sturz aus dem Fenster, das über jeden Zweifel erhabene, das beste Bier der Welt. Ist es richtig gezapft, kommt es noch dazu möglicherweise aus einem Tank direkt aus dem Kneipenkeller, dann werden Sie die allzu prickelnde Kohlensäure nie mehr vermissen und nach einem Bier noch lange nicht gehen wollen. Und wenn es Winter ist, dann gibt es da die Cafés mit klangvollen Namen wie *Louvre* oder *Imperial* oder natürlich *Slavia*, keine wirklich neuen Orte, aber unbestreitbare Institutionen. Sie werden dort auf andere Touristen treffen – aber eben auch auf Einheimische. Und so können Sie Stunden dort verbringen und der Sprache zuhören und sich einfach diesem Gefühl hingeben: *Majngót*, ich bin ja tatsächlich in Prag.

Sie merken es schon, ich drücke mich ein wenig um die allererste Führung durch die Stadt herum. Denn ich habe das tschechische Alles-oder-nichts-Spiel über die Jahre perfektioniert und hänge tatsächlich die meiste Zeit in Cafés und Kneipen herum – wobei ich dennoch selbstbewusst behaupten würde, dass dies der beste Weg ist, den Puls der Stadt zu fühlen, zu begreifen, wie alles dort tickt. Wenn Freunde von mir das erste Mal nach Prag fahren, dann gebe ich ihnen meistens eine Liste mit netten Lokalen mit auf den Weg, möglichst in unterschiedlichen Stadtteilen. Eventuell noch einige Museen und Galerien dazu, und der Rest, sage ich dann, ergibt sich schon. Hat bisher immer ganz gut geklappt.

Um meine zweifelhafte Eignung zum Touristenführer mit einem handfesten Erlebnis noch kurz unter Beweis zu stellen: Ich wollte vor Jahren, zugegebenermaßen wusste ich damals wirklich noch nicht gut Bescheid, jemanden beeindrucken, ich meine, richtig beeindrucken. Jene Person kannte Prag noch nicht, und ich schlug mit kaugummikauender Coolness den *Petřín* als erstes Ausflugsziel vor, den Laurenziberg also. Ein gut 300 Meter hoher Hügel mit Aussichtsturm, perfekt, um sich einen Überblick über die Stadt zu verschaffen, sehenswert nicht nur wegen der vielen und prachtvollen Gärten, dem Kloster Strahov, dem Štefánik-Observatorium oder der *Kostel svatého Vavřince,* der St.-Laurentius-Kirche. Zu erreichen ist der Laurenziberg eigentlich ganz einfach: Man fährt auf die Prager Kleinseite, *Malá Strana*, überhaupt ein schöner Ort für den Einstieg in die historische Stadt, wenn Sie die Zeit günstig wählen – früh morgens oder etwas später am Abend beispielsweise, um den allzu heftigen Touristenströmen zu entgehen. Von der Kleinseite aus führt eine Standseilbahn, immerhin mit Unterbrechungen seit 1891, direkt nach oben. So schön hatte ich mir das also zurechtgelegt, so wunderbar hatte ich doziert, so herrlich wollte ich beeindrucken.

Und so kam ich auf die vollkommen bescheuerte Idee, doch eine Straßenbahn zum *Petřín* zu nehmen, *ach, die gibt es also auch, sieh mal, da ist sie ja schon, steigen wir doch gleich ein.* Die Länge der Fahrt und die seltsame Richtung irritierten mich damals noch nicht. Und ich dachte überhaupt nicht darüber nach, dass sehr wohl eine *Standseil*bahn auf den Laurenziberg fahren kann, es aber für die *Straßen*bahn eine unmögliche Leistung wäre, den steilen Hügel zu bewältigen. Als wir an der Endhaltestelle ausstiegen, da war der Laurenziberg ziemlich weit entfernt – im Überschwang hatte ich einen entscheidenden Buchstaben übersehen und wir waren anstatt auf den *Petřín* in das Wohngebiet *Petřiny* gefahren. So befanden wir uns weit, weit entfernt von Gärten, Klöstern und Kirchen in einer Siedlung ohne jeden Aussichtsturm, nur den Tower des Flughafens konnten wir schon fast in der Nähe leuchten sehen.

In den folgenden *Anweisungen eines ungeprüften Touristenführers* werde ich mit Ihnen gemeinsam versuchen, den Prager Stadtplan zu lesen – damit bleibt Ihnen solcherlei Schmach hoffentlich erspart. Aber gerade sind Sie ja ohnehin erst angekommen und brauchen noch gar keinen Stadtplan, der Biergarten oder das Café ist gefunden, das Getränk ist angenippt. Sie schweben schon mit dem Kopf zwischen den tschechischen Wolken, und der Geldwechsler im Schafspelz wurde hoffentlich auch charmant von Ihnen ignoriert. Natürlich können Sie noch rasch auf den *Petřín*, Sie wissen ja jetzt, wie das geht – ansonsten empfehle ich Ihnen, einfach die Fenster zu öffnen und der Prager Nacht zuzuhören, dem *Tramvajieren* der Straßenbahnen zu lauschen, dem Rauschen der Stadt, und daran zu denken, wo Sie gerade sind. In diesem Sinne: *Dobrou noc.*

New Prague City:
Klischee und Gegenklischee

Die tschechische Hauptstadt hat zur Zeit knapp 1,3 Millionen Einwohner. Damit rangiert Prag von der Größe her etwa in einer Liga mit München. Bemerkenswert daran ist, dass in ganz Tschechien etwa 10,5 Millionen Menschen leben. Mehr als jeder zehnte Tscheche ist also Prager. Oder lebt zumindest dort. Die kleine Zahlenkunde veranschaulicht die nicht zu leugnende Bedeutung der Metropole, die übrigens seit den Neunzigern kontinuierlich und mit wenigen Ausnahmen Jahr für Jahr um mehrere Tausend Einwohner gewachsen ist: Natürlich führen nicht alle Wege nach Prag – aber man kommt nur schwer daran vorbei. Während es in Deutschland noch relativ leicht ist, dem Berlin-Hype zu entgehen und sich städtische Alternativen zu suchen, die auch jenseits des Mainstream existierten, ist Prag unumstritten das, wie sagt man so schön, kulturelle, politische, gesellschaftliche Herz der Tschechischen Republik. Natürlich, es gibt Bewegungen in der jungen Generation, die auf die steigenden Mieten und allzu überfüllten

Viertel Prags mit Wegzug reagieren. Einige tschechische Bekannte von mir sind ins rege Brünn gegangen oder gar nach Ostrava, das immer noch mit den Vorurteilen von schlechter Luft und Kohlenstaub zu kämpfen hat. Alles Ziele jenseits der Hauptstadt also, wo es noch genug erschwingliche Freiräume gibt.

Das Pflegen einer deutlichen Abneigung gegen Prag gehört natürlich dann zum Spiel dazu – ach, die Prager Arroganz, der Prager Schmutz, das Prager Getue. Ebenso, wie die Pragerinnen und Prager im Gegenzug mit mehr oder weniger liebevollem Spott auf die Provinz blicken. Und die beginnt aus Hauptstadtperspektive nun mal direkt hinter der Stadtgrenze und erstreckt sich über das ganze Land. Lassen wir uns ruhig auf dieses Klischee ein, das alle Grauzonen ignoriert (es soll sogar Ostrauer geben, die gern nach Prag kommen – und umgekehrt sogar Hauptstädter, die das raue Klima der ehemaligen Bergarbeiterhochburg dem schicken Moldaulüftchen vorziehen) – aber, und da wird es interessant, gerade in tschechischen Klischees steckt oft ein satter Wahrheitskern. Der äußert sich meist in Witzen, zum Beispiel: »Treffen sich zwei Theaterkritiker, einer aus Prag, einer aus Brünn. Sagt der Kritiker aus Brünn: ›Weißt du, was bei uns über das Theater in Prag erzählt wird? Es ist altbacken, die Schauspieler sind schlecht und die Regisseure dauernd besoffen.‹ Antwortet der Kritiker aus Prag: ›Aha. Und weißt du, was bei uns über das Theater in Brünn erzählt wird? Nichts.‹«

Im Internet entdeckte ich jüngst eine Zuschreibung, die es mit der hauptstädtischen Bedeutung ein wenig zu weit auf die Spitze treibt: Von *New Prague City* war da die Rede. Möglicherweise ein Relikt aus den Neunzigern, als in der Tat viele Amerikanerinnen und Amerikaner nach Prag kamen und irgendwann mehrere Zehntausend US-Bürger in der Hauptstadt lebten. Dieser Hype hat mittlerweile nachgelassen. Am Rande bemerkt, *New Prague City* gibt es ja sogar schon, reicht aber von der Einwohnerzahl her bei Weitem nicht an die tschechische Hauptstadt heran: Im US-Bundesstaat Minnesota existiert ein Städtchen namens New Prague, benannt nach den damals überwiegend tschechischen Siedlern und heute immerhin bewohnt von einigen Tausend Newprageinnen und Newpragern.

Zurück in die tschechische Wirklichkeit an der Moldau: Im Zentrum Prags hat sich die Einwohnerzahl nach und nach reduziert, in der Altstadt finden sich gerade noch einige Tausend Bewohner, die noch nicht unter der Last von Touristen und astronomisch hohen Mieten klein beigegeben haben. In keiner Stadt vergleichbarer Größe habe ich diesen Kontrast so extrem erlebt: Da gibt es auf der einen Seite eben das, was die Klischees und Prospekte versprechen: das historische und herausgeputzte Prag, das aber – bis auf diejenigen, die dort ihre Arbeit haben – von den Einheimischen weitgehend umgangen und geradezu gemieden wird. Und es gibt auf der anderen Seite das Antiklischee außerhalb der (imaginären) touristischen Mauern um das Zentrum, das andere Prag eben, das wiederum erst auf den zweiten, dritten, vierten Blick seine Reize zeigt. Ich will nicht so weit gehen, vom »echten« und »unechten« Prag zu sprechen, das ist eine Frage des Blickwinkels. Aber trotzdem, mir ist keine andere Metropole bekannt, in der diese Welten so parallel nebeneinander existieren, fast ohne jeden Berührungspunkt.

Prag hat sich seit der *Sametová revoluce,* der »Samtenen Revolution« 1989, die das Ende des Kommunismus markierte, enorm verändert. Schon in den Jahren, in denen ich die Stadt erleben konnte, hat sich das Aussehen mancher Viertel komplett gewandelt. In vielen Stadtteilen wurde saniert, was irgendwie zu sanieren war. Egal, ob es überhaupt saniert werden wollte. Und natürlich singen auch die Pragerinnen und Prager das Klagelied der Gentrifizierung, berechtigterweise. Traditionelle Läden und Kneipen verschwanden von heute auf morgen, Kettencafés fielen regelrecht über die Stadt her, eine unübersehbare Menge an Hotels und Hostels eröffnete und eröffnet bis heute. Wie brachte es mein Freund Pavel mit tschechischer Übertreibung auf den Punkt: »Wir haben die Nazis überlebt. Wir haben den Kommunismus überlebt. Den Kapitalismus überleben wir nicht.«

Pavel wird indes nicht müde, über die Hauptstadt seines Landes zu lästern. Prag ist ein langweiliges Museum mit angestaubten Exponaten, sagt er. Prag ist furchtbar überlaufen. Und überhaupt, eine der wenigen real existierenden Gefahren für den Einheimischen, sagt Pavel, ist ein Gang durch die Altstadt bei Nacht – weil die marodierenden Pub-Crawler und Binge-Drinker aus aller Welt ständig in marodierender Prügellaune seien. Andererseits kann Pavel sich der Stadt bis heute nicht entziehen, liebt er die unaufgeräumten Stadtteile jenseits des Zentrums und die selbstbewusst schmuddeligen Kneipen sowie die ziemlich agile Kulturszene, die undergroundiger und subkultureller und, vor allem, unprätentiöser ist als in vielen europäischen Hauptstädten.

Aber die von der Tourismusbranche in alle Welt getragenen Klischees sind verführerisch, und natürlich war es bei mir nicht anders: Bei meinen ersten Besuchen ging ich davon aus, dass der Prager grundsätzlich in Gässchen wohnt und im Gehrock flaniert wie zu Kafkas Zeiten und jeden

Abend Stoßseufzer gen Himmel schickt, um sein kleines, großes Paradies auf Erden zu lobpreisen. Und natürlich hatte ich viel Glück, denn relativ schnell fand ich jene tschechischen Freundinnen und Freunde, die mir die anderen Seiten der Stadt zeigten, die vielleicht nicht ganz so hochglanzfähigen, aber doch wesentlich interessanteren Facetten des mitteleuropäischen Musterbeispiels einer touristisch durch und durch erschlossenen Großstadt.

Klar lockt Prag gerade mit dem, was es seit Jahrhunderten zu bieten hat: atemberaubende Architektur und Bauwerke, die im Licht der untergehenden Sonne tatsächlich schimmern wie nirgendwo sonst, die bezaubernde Moldau, die Hügelchen und Hügel, geradezu prädestiniert zum Lustwandeln und für eilig beschlossene Heiratsanträge. Das Konzept geht auf, immer noch kommen Jahr für Jahr Scharen von Touristen nach Prag, immer noch eröffnet Unterkunft um Unterkunft, immer noch lässt sich die Minderheit der Abzocker ständig neue Tricks einfallen, um den Besucherinnen und Besuchern wenigstens noch zwanzig Kronen zusätzlich aus den Rippen zu leiern. So hat sich also in den letzten Jahren auch ein Ruf etabliert, der nicht nur gute Seiten hat: Prag ist billig, Prag ist hübsch, Prag ist leicht zu haben – kann man mal machen.

Vielleicht ist mein tschechischer Freund Pavel, der Prag als Museum empfindet, als Orientierung gar nicht so schlecht: Ja, es gibt viel Glänzendes, das man unbedingt ein Mal im Leben gesehen haben muss. Aber nein, es ist bei Weitem nicht alles golden in der Goldenen Stadt. Und das ist auch gut so. Apropos Gold: Das Prager Wappen zieren eine Stadtmauer und drei Türme, golden auf rotem Grund. Kaiser Friedrich III. war es, der das Wappen vergoldete: Vorher schimmerten Mauer und Türme in silberner Farbe.

Bleibt noch das Motto der Stadt, auch festgehalten auf dem Wappen und angesichts der Überlegungen des Verhältnisses von Prag und Provinz bis heute ein potenzieller Zankapfel: PRAGA CAPUT REI PUBLICAE. »Prag, Kopf der Republik.«

Hipster in Sicht? Wie die jungen Pragerinnen und Prager die Stadt umkrempeln

Ein Hipster ist ein Hipster ist ein Hipster. Dabei ist es egal, ob er in New York über die Straße stolziert. Oder in Wien. Oder in Berlin. Wahr ist auch, dass niemand gern ein Hipster sein will – nach der medialen Definition ist er ja mit seiner Ignoranz, mit seiner geradezu pathologischen Abgrenzung gegenüber dem Mainstream (obwohl er an eigenen Inhalten natürlich nichts beizutragen hat) ein eher nerviges Wohlstandsphänomen des 21. Jahrhunderts. Zweifelsohne fühlt sich der Hipster besonders in Hauptstädten und Metropolen pudelwohl, und damit kommen wir der Frage schon relativ nah: Wie sieht es in der tschechischen Hauptstadt, in der Metropole Prag, mit dem Hipster aus? Schwingt er auch hier das Zepter der teilnahmslosen Coolness, treibt er gelangweilt die Mieten in die Höhe und die Gentrifizierung voran? Blickt er so leer wie müde von seinem Laptop oder Smartphone auf, wenn jemand das verlaptopte und versmartphonte Retro-Café betritt, der nicht zur Hipstergemeinschaft gehört? Eindeutige Antwort: Jein.

Ohne jeden Zweifel hat sich Prag im letzten Jahrzehnt auf unglaubliche und rasante Art und Weise verändert – und der Anteil der jungen Generation an diesem Wandel ist nicht zu unterschätzen. Nur setzen sich die Macherinnen und Macher dieser, ich nenne es mal, *neuen Coolness* auf angenehme Art von den Resthipstern ab – sie sind einfach nicht *so* cool. Und das meine ich ganz und gar nicht abwertend, im Gegenteil: Es fehlt diese unerträgliche Unnahbarkeit, mit der eine ebenso unerträgliche Arroganz einhergeht.

Mir ist klar, dass das ziemlich grobe Verallgemeinerungen sind. Ausschließen will ich nicht, dass es auch in Prag *den* überheblichen Hipsterkellner oder *die* eitle Hipstermusikerin gibt, doch sind meine eigenen Erfahrungen bislang anders gewesen. Die Gründe dafür liegen in gewisser Weise auf der Hand: Bis heute gilt oft in Tschechien, dass das mit der Kunst und Kultur zwar schön und gut ist, dass man aber nicht hoffen darf, davon seinen Lebensunterhalt bestreiten zu können. Improvisationen sind gefragt, was das Lebenskonzept angeht. Zugespitzt gesagt: Als tschechischer Musiker oder Schriftsteller hat man überhaupt nicht die Zeit, den ganzen Tag cool zu sein. Es müssen viel zu viele Jobs parallel untergebracht und koordiniert werden, um sich das Künstlerleben überhaupt irgendwie leisten zu können. Was offensichtlich zu einem angenehmen Mangel an unangenehmer Eitelkeit führt.

Neulich sah ich eine Vorführung von *Alois Nebel*, dem Animationsfilm, der in Tschechien zum Kult geworden ist. Es war eine sehr offizielle Preisverleihung in Berlin. Die vier Preisträger – Regisseur, Drehbuchautor, Zeichner, Produzent – betraten die Bühne, und es gab eine etwas chaotische, improvisierte Dankesrede. Sie wurde vom deutschen Publikum in Abendgarderobe lachend und geradezu befreit aufgenommen. »Und das sind also wirklich die Filmemacher?«, fragten mich einige Besucher nach der Veranstaltung. »Das hätte ich nicht gedacht. Die sind ja alle so ... lustig, so ... normal.«

So kenne ich es aus Prag: Leute aus meiner Generation planen versponnene Kunstprojekte, schreiben wilde Gedichte, spielen ebenso wilde Musik, sie kleiden sich cool und sie sind es auch – aber dabei doch nahbar, ansprechbar, eben letztlich nicht abgehoben oder hochnäsig.

Es gibt mittlerweile viele Projekte, die von der jungen Generation ausgegangen sind und das kulturelle Leben der Stadt nicht nur bereichert, sondern auf den Kopf gestellt haben. Das Ufer der Moldau ist hierfür ein gutes Beispiel. Sagen wir besser: die Wiederbelebung des Moldauufers. *Náplavka* heißt das Projekt, das seit einigen Jahren existiert und es nunmehr sogar in manchen Reiseführer geschafft hat: Ehemalige Lagerkatakomben sind zum Ort für eine alternative Fahrradwerkstatt geworden, die gleichzeitig ein Café ist. Im Sommer säumen Massen an jungen Einheimischen und Besuchern das bis dahin vollkommen brach liegende Ufer. Man sieht Szenelimonaden und Szenebands und natürlich auch unszeniges Bier aus Plastikbechern, man quatscht und man isst und man trinkt und wartet auf den Sonnenuntergang.

Kürzlich, ich war leider gerade nicht in der Stadt, erzählte mir jemand von neuen Happenings, die auf improvisierten Hinterzimmerbühnen stattfinden und kurzfristig angekündigt werden. Im konkreten Fall wurde das Frisieren zur Kunstform, man konnte sich auf offener Bühne die Haare schneiden lassen, die Wartezeit vertrieb man sich mit Büchern.

Wohin man auch schaut: Kaum ein Monat vergeht, in welchem nicht ein neues und – vor allem – von der jüngeren Generation erdachtes Lokal eröffnet. Dabei orientieren sich die jungen Tschechinnen und Tschechen durchaus an dem, was es in den anderen Hauptstädten der Welt schon gibt: In Žižkov existiert plötzlich ein französisches Bistro, das natürlich auch vegetarische und vegane Vorlieben berücksichtigt, in einem Hinterhof am *Karlovo náměstí* legt im *Café Neustadt* schon am frühen Abend ein DJ auf, und selbst etwas außerhalb vom Stadtzentrum in Braník gibt es neuerdings einen Laden zwischen kleinen Lebensmittelgeschäften und Fleischereien, das *Periferie Café* in der *Branická,* das sich in Sachen Coolness auf der Stelle messen kann mit Szeneschuppen in New York oder Berlin. Hausgemachte Limonaden inklusive, versteht sich.

Gerade an diesen Veränderungen in der Kaffeehauskultur lässt sich ablesen, wohin sich die Hauptstadt wohl in den nächsten Jahren entwickeln wird: Das Angebot an, nennen wir sie mal, internationalen und untraditionelleren Orten wird immer größer. Und trotzdem gibt es auch in diesem Punkt Unterschiede zur szenigen Gleichmacherei der Hipsterviertel in anderen Hauptstädten: Während es mir in Berlin mitunter schwerfällt, die einzelnen Cafés überhaupt voneinander zu unterscheiden und erst recht deren Gäste, setzen sich die neuen und coolen Hotspots von Prag durchaus voneinander ab: Sei es durch die Möblierung, sei es durch die besondere Aufmachung der Karten, sei es durch kreativen Umgang mit Wand- oder Raumgestaltungen: Das Lokal *V lese* in Vršovice, in welchem sich vorher ein Antiquariat mit Café befand, widmet sich zum Beispiel ganz und gar dem Wald. Vogelhäuschen wurden nachgebaut und fungieren als Lampen, den Kaffee trinkt der Gast inmitten einer an die Wand gemalten Baumlandschaft. Was natürlich nicht fehlt: der etwas versiffte Keller für Konzerte am Abend.

Ich habe das Gefühl, die kreativen Pragerinnen und Prager wollen oft eben ein bisschen mehr, als nur einen weiteren nüchternen und coolen Ort zu kreieren, wo ja doch immer dieselben nüchternen und coolen Gäste rumhängen: Sie sind wagemutiger, sie sind fantasievoller, sie sind experimentierfreudiger. Die Geschichte von Petra Hůlová ist für mich ein gutes Beispiel für das Prag der Gegenwart: Die 1979 geborene Schriftstellerin lebte nach ihrem Studium unter anderem in der Mongolei und in den USA – und schrieb darüber in ihren Büchern, eins davon ausgezeichnet mit dem wichtigsten Literaturpreis des Landes.

Mittlerweile ist sie aber nicht mehr nur Autorin, sondern zugleich Betreiberin eines Cafés, in welchem sie auch selbst hinter der Bar steht. Das *Zenit* in der *Krymská* nennt sich *Bufet* und *Internet Café* – zwei Anachronismen, die offensichtlich ironisch gemeint sind: Ein *Bufet* bezeichnet die Gattung der mehr und mehr aus der Hauptstadt verschwindenden Schnellrestaurants traditioneller Art. Und auch die große Zeit der Internetcafés ist längst vorbei. So richtig festnageln kann man das kleine Lokal in der Tat nicht. Die Möblierung ist karg und geschmackvoll zugleich. Manchmal sitzt wirklich jemand mit seinem Laptop herum. Aus der Küche kommen sowohl gefüllte Palatschinken als auch Falafel. Abends gibt es Konzerte, Lesungen oder DJ-Sets.

Warum gerade jetzt in Prag so viele neue Lokale eröffnen? Es könnte wirklich mit einer kleinen Renaissance zu tun haben. Vielleicht ist das, sagt Petra Hůlová, ja die Rückkehr eines alten Gefühls: Vor 1989 hätten die Menschen einfach mehr Zeit gehabt für die Kneipe, sie hingen überall herum und tranken billiges Bier. In den Neunzigern wiederum änderte sich das schlagartig, niemand hatte mehr Zeit, es ging in erster Linie um die besten Jobs und das meiste Geld. Und jetzt, nach und nach, erkenne man, dass Freizeit eben auch wichtig ist, vielleicht sogar wichtiger als das ständige Nachdenken über Karriere.

Also alles gut in Prag, ein einziges Loblied auf die Veränderungen in Überschallgeschwindigkeit? Nicht ganz. Denn trotz all der Entwicklungen lässt sich noch nicht so genau sagen, wohin das alles führen wird. Letztlich möglicherweise doch – wenn auch in kleinerer Form – zu Zuständen wie in Brooklyn, wo aus unwirtlichen und billigen Orten innerhalb weniger Jahre unbezahlbare Hipsterhochburgen geworden sind? Die Anziehungskraft der tschechischen Hauptstadt ist ungebrochen, und das führt zwangsläufig dazu, dass es eben auch die andere Seite der Medaille gibt: steigende Mieten und Lebenshaltungskosten, Stadtviertel, aus denen die alte Bevölkerung verdrängt wird. Seit Ewigkeiten existierende Läden, die es nicht schaffen, sich über Wasser zu halten und verschwinden. Die klassischen Schattenseiten der urbanen Coolness eben. Der kleine Trost für alle, denen es jetzt schon viel zu cool geworden ist in den ehemaligen Arbeitervierteln der Hauptstadt: Ein Hipster ist wirklich ein Hipster ist wirklich ein Hipster. Aber in Prag ist er immer noch wesentlich handzahmer als anderswo.

Ganz oben, ganz unten, ganz laut: Wo wohnen?

Wenn man es ganz genau nimmt, beschäftigte sich einer der prominentesten Prager überhaupt schon im Jahr 1912 mit der Frage nach dem richtigen Wohnort, besser gesagt, er lamentierte darüber: Franz Kafka (auf den wir noch gesondert zu sprechen kommen) beschrieb in seiner autobiografischen Skizze *Großer Lärm* das erbärmliche Schicksal des Durchgangszimmers, in welchem er damals leben musste. Der Vater poltert rücksichtslos wie eh und je, die Schwester schreit, und die Kanarienvögel kanarieren sich nach Kräften die Seele aus dem Leib. Der arme Kafka stellt sich am Ende des Texts gar vor, »schlangengleich ins Nebenzimmer« zu kriechen und um Ruhe zu betteln.

Die Wahl des Wohnorts kann auch heute eine wesentliche Rolle spielen, und der allzu große Lärm ist manchmal sogar in der Lage, heftige Verzweiflungsstürme bis hin zum Wechsel der Unterkunft zu evozieren. Zimmer und Wohnungen zur Kurzzeitmiete gibt es im Grunde überall. Mitten im Zentrum und ganz weit draußen in der Peripherie, in liebevoll gepflegten Altbauten und in vernachlässigten Neubauplatten, mit festem Grund unter den Füßen oder gar in Booten auf der Moldau.

Was es meiner Beobachtung nach nicht mehr gibt, das sind die Vermieter, die sich um die Reisenden am Bahnhof drängen und versuchen, sie direkt von dort in ihre Zimmer zu lotsen. Das Internet hat den zwischenmenschlichen Kontakt auch hier abgelöst – was nicht heißt, dass die Unterkunftssuche ein weniger großes Glücksspiel geworden ist: Ein Zimmer am *Prague Tower*, also am Fernsehturm, das durch seine Beschreibung auf der Webseite kühne Ausblicke suggeriert, kann sich als dunkle Kammer im Souterrain erweisen. Eine Ferienwohnung in ruhiger Lage mit direkter Verbindung ins Zentrum liegt gern mal an einer Magistrale am Stadtrand – die direkte Verbindung gibt es wahrscheinlich schon, allerdings mit dem selten fahrenden Bus, der ewig lang durch die Peripherie gondelt.

Als ich erstmals länger in Prag wohnte, war es in einem Plattenbau in Karlín, sechster Stock mit Balkon und, besonders nachts, atemberaubendem Blick auf Fernsehturm und den *Vítkov*-Hügel, den Veitsberg, auf dem sich das größte Reiterdenkmal Europas befindet: Hussitenführer Jan Žižka auf seinem Pferd. Unten fuhren die Straßenbahnen vorbei und gegenüber lag eine *Herna Bar,* eine vierundzwanzig Stunden nonstop geöffnete Spielhölle, wie sie in Prag zahlreich vorhanden sind. Während meines Aufenthalts wurde sie auch mindestens ein Mal von einem Polizisten mit Kippe im Mundwinkel besucht und nach rund einer Stunde ebenfalls mit Zigarette in der Hand wieder verlassen.

Ich lebte damals einen Monat in Karlín, und die Ausgangslage war optimal. Noch kannte ich keine Pragerin und keinen Prager wirklich persönlich, trotzdem konnte ich von meinem Platz auf dem Balkon dem alltäglichen Leben zuschauen. Ins Zentrum war es nur eine kurze Straßenbahnfahrt oder ein fünfzehnminütiger Fußmarsch. Auch in den Jahren darauf machte ich positive Erfahrungen. Öfter stieg ich in einer Wohnung in Žižkov ab, jener Gegend um den Fernsehturm herum, in der ich bis heute gern lebe, wenn ich in der Stadt bin. Die Wohnung befand sich ebenfalls in einem eher hinfälligen Gebäude in einer eher unscheinbaren Straße, und schon beim zweiten Mal versicherte mir der Vermieter: »Ich muss Ihnen ja nichts Neues erklären. Wir renovieren sowieso nie.« Ob in einem geradezu dörflichen Gartenzimmer in Vršovice oder an einer Hauptstraße im benachbarten Vinohrady, bei der Wahl von Viertel und Unterkunft hatte ich niemals Pech. Daher kann ich heute jedem Reisenden als Faustregel nur empfehlen, nicht im Zentrum zu suchen, sondern sich eher auf die angrenzenden Stadtteile zu konzentrieren, vorher zwar durchaus mal im Netz zu schauen, ob sich ein oder zwei Cafés und Straßenbahnstationen in der Nähe befinden, ansonsten aber die allzu zentrale Unterkunft zu meiden. Die Wege mit Metro und Straßenbahn sind kurz, und es findet sich auch später am Abend immer ein Weg nach Hause mit dem öffentlichen Nahverkehr – zumal man sich vor der Prager Nacht in aller Öffentlichkeit wirklich nicht zu fürchten braucht.

Ein einziges Mal nur fühlte ich mich ganz und gar wie Kafka, und das war, als ich vier Wochen in jenem Zentrum verbrachte. Aber so richtig im Zentrum vom Zentrum, in der Altstadt nämlich. Dies wird vielleicht erklären, warum ich seither eine, nun ja, Skepsis gegenüber dem altstädtischen Treiben hege. Es war Sommer und der Anlass meines Aufenthalts durch und durch erfreulich: Ich hatte ein

Stipendium und konnte mich einen Monat lang nur aufs Schreiben konzentrieren. Die Unterkunft befand sich am *Havelské tržiště,* dem Havelmarkt, also mitten in der Altstadt, nur einige Meter entfernt vom *Staroměstské náměstí*, dem Altstädter Ring, dem weltberühmten und ständig bevölkerten Mittelpunkt Prags. Bei meiner Bleibe handelte es sich um einen wahrlich kafkaesken Ort. Ein ehemaliges Büro der Stadt Prag im Gebäudekomplex eines Hotels, umfunktioniert zum Gästezimmer und von außen mit einem immensen Stahlgitter versehen, das ich immer abzuschließen hatte. Das alles war aber nicht das Problem.

Bis dahin hatte ich mich für relativ robust und unempfindlich gehalten, aber nach einigen durchwachten Nächten notierte ich recht verzweifelt in mein Tagebuch, Kafka zitierend, wie es mir dort erging: »Ich sitze hier wortwörtlich im Hauptquartier des Lärms, nicht einer Wohnung, sondern dieser ganzen verdammten Stadt.« Eine Autobahn neben dem Fenster wäre vermutlich weniger schlimm gewesen, da wäre das relativ regelmäßige Rauschen und Rattern der Fahrzeuge irgendwann in Fleisch und Blut übergegangen, vor meinem Zimmer aber war es anders: Tagsüber schoben sich die Touristen in endlosen Strömen unter meinem Fenster vorbei, abends wurden sie abgelöst von grölenden Biertrinkergruppen, und die halbe Nacht lang versuchten penetrante Anheizer, jene Biertrinkergruppen in die angrenzenden *Cabarets* zu locken, in die Nachtklubs mit Nackttanz und sonstigen Glück verheißenden Zerstreuungen, die das Nacktsein voraussetzen. Dann kam die Straßenreinigung mit entsprechendem Tamtam, dann ging die Sonne wieder auf, und dann begannen die Händler des angrenzenden Marktes schon wieder, ihre Stände aufzubauen.

Damit wir uns nicht falsch verstehen: Ich war und bin dankbar für den Monat in meiner geliebten Stadt – aber ich dachte damals tatsächlich zwischendurch, dass ich den Verstand verliere. Vor allem wegen der Hexen, die übrigens auch heute noch bestaunt werden können. Auf dem Havelmarkt werden neben Obst und Gemüse unter anderem Marionettenfiguren in Hexengestalt verkauft. Alle versehen mit einem Sensor, der auf Händeklatschen reagiert und dazu führt, dass die Hexen in ein schepperndes Lachen und Zucken ausbrechen. Und nun stelle man sich die Scharen von Touristen vor, die von früh morgens an in die Hände klatschen. Und dann überlege man sich, dass die Verkäufer selbst zur Steigerung der Verkaufsattraktivität über eine hölzerne Apparatur verfügen, mit der sie – sind mal keine Touristen da – das Klatschen simulieren – und somit wieder mindestens zwanzig Marionetten lachen und zucken und lachen und zucken.

Ich lache nicht, ich beginne nur immer noch zu zucken, wenn ich an dieses Geräusch denke, dass ich weder mit Ohrstöpseln noch mit geschlossenen Fenstern aus meinem Gehirn verbannen konnte.

Tag und Nacht waren irgendwann kaum noch zu unterscheiden, ebenso wenig hatte ich eine Ahnung, was derweil im Rest der Stadt geschah, sollte es ihn denn überhaupt noch geben. Einige Tage vor meiner Abreise war ich wirklich froh, für die letzten Nächte bei meiner Tschechischlehrerin unterkriechen zu können. Und das, obwohl sie direkt an einer Straßenbahnlinie wohnte. Noch nie war mir das Rumpeln beim Passieren der schweren Wagen so lieb, noch nie war es mir zugleich so egal gewesen.

Deshalb sollte man sich gut überlegen, ob das Zentrum vom Zentrum – wo es selbstverständlich auch schöne und gar nicht so teure Unterkünfte gibt – wirklich die erste Wahl ist bei der Suche eines Quartiers. Im Zweifelsfall kann es passieren, dass man in einer Hexenhölle landet, die Raum, Zeit und Stadt ganz und gar aus den Angeln hebt.

Auf in die Stadt: Anweisungen eines ungeprüften Touristenführers II

Nun sind Sie also zum ersten Mal in Prag aufgewacht, hoffentlich geweckt von einem lauen Lüftchen oder dem Klingeln der Straßenbahnen und nicht vom mechanischen Lachen einiger Hexen. Nun liegt Ihnen Prag also zu Füßen. Aber welches Prag? Das touristische, das hügelige, das glatte, das schmutzige, das plattenbautige, das alternative, das ruhige, das rastlose? Kommt man zum ersten Mal nach Prag, dann kann man von Bombast und Vielfalt durchaus erschlagen sein, wenn man es nicht nur aufs Zentrum abgesehen hat. Denn so überschaubar, wie sie beim ersten Blick auf den Stadtplan scheint, ist die tschechische Hauptstadt nicht. Das Wesen des alten Mütterchens ist komplizierter, undurchsichtiger – was die Sache natürlich interessanter macht. Bestellen Sie also gern noch einen *Káva s mlékem,* einen Kaffee mit Milch, schauen wir uns zur groben Orientierung den Stadtplan gemeinsam an, um einen Überblick über die zentrumsnahen Viertel zu bekommen.

Gleich sieht man: Der Fluss macht die Musik, er teilt die Stadt in zwei Hälften. Die folgende Begehung ist mit dem Finger auf der Karte natürlich müheloser als in der Wirklichkeit. Es gibt viele Hügel zu überwinden, die zwar immer durch wunderbare Blicke auf die Stadt entschädigen, aber trotzdem anstrengend sind. Grundsätzlich sind meine folgenden Anregungen dazu geeignet, mindestens zwei Tage für den Besuch der beschriebenen Orte einzuplanen. Wie intensiv Sie sich einer Sache widmen, ist natürlich ganz Ihren Neigungen überlassen. Nehmen wir zum Beispiel die *Zlatá ulička,* das weltberühmte Goldene Gässchen an der Innenseite der Prager Burg, in welchem Franz Kafka kurzzeitig lebte, und wo sich Alchimisten unter Zuhilfenahme von Gold an der Herstellung des Steins der Weisen versuchten: Einerseits wurden die Häuschen vor einigen Jahren renoviert und zu einer Art Dauerausstellung umgestaltet, es kann sich also ein Besuch durchaus lohnen. Andererseits ist der Preis dafür entsprechend, tatsächlich wortwörtlich, denn es wird Eintritt verlangt. Zusätzlich muss man mit Wartezeiten rechnen, da sich tagtäglich zahllose Besuchergruppen in der schmalen Straße drängeln. Letztlich also eine Frage des Geschmacks und der Geduld.

Beschäftigen wir uns nun ausführlicher mit den Stadtteilen, die linksmoldauisch gelegen sind – ohne bei den vielen, vielen Sehenswürdigkeiten jeweils zu sehr ins Detail zu gehen. Unten links auf dem Stadtplan sehen Sie Smíchov. Ein lange Zeit als raues Pflaster geltendes Arbeiterviertel mit bewegter Geschichte. Dort stand unter anderem seit 1852 das Ringhoffer-Werk, in welchem Schienenfahrzeuge und Geräte für Brauereien oder Zuckerfabriken gebaut wurden, und nach dem Zweiten Weltkrieg war es die Produktionsstätte der berühmten Tatra-Straßenbahnen, die bis heute durch Prag und viele andere Städte Mitteleuropas fahren. Sie wurden von Smíchov aus in sämtliche Länder des ehemaligen Ostblocks exportiert. Später dann wurde die Fabrik abgerissen – an ihrer Stelle steht heute der immense Büro- und Einkaufskomplex *Nový Smíchov.* Natürlich noch nicht abgerissen hingegen ist die Staropramen-Brauerei, sie kann besichtigt werden, um dem Geheimnis des Bierbrauens zumindest ansatzweise auf die Spur zu kommen. In Smíchov wurde übrigens 1937 die ehemalige US-Außenministerin Madeleine Albright geboren, ihre Familie musste allerdings schon zwei Jahre später vor den Nazis nach England flüchten.

Angrenzend an Smíchov befindet sich Malá Strana, die noble Prager Kleinseite. Sollten Sie zu den Frühaufstehern gehören, dann können Sie jetzt gern an dieser Stelle unterbrechen und sich auf den Weg machen. Wie schon gesagt, zu den Randzeiten ist es besonders auf der Kleinseite malerisch und nicht zu überlaufen – und ob Sie nun auf den *Petřín* fahren (oder eben wahlweise ins Wohngebiet Petřiny, da will ich Ihnen nicht reinreden) oder nicht, es lohnt sich, die Stadt aus höherer Perspektive zu begutachten. Die vielen Kirchen auf dem Weg sind ebenso sehenswert wie das Palais Lobkowicz, bis heute Sitz der Deutschen Botschaft und ein geschichtsträchtiger Ort: Hier erklärte Hans-Dietrich Genscher den Tausenden aus der DDR auf das Botschaftsareal geflohenen Menschen, dass sie in die Bundesrepublik ausreisen dürften.

Wenn Sie schon in der Gegend sind, dann sollten Sie den Spaziergang noch weiter ausdehnen – oder zwischendurch eine Straßenbahn nehmen, wenn die Beine allzu müde werden: An die Kleinseite grenzt nämlich Hradčany (Hradschin), der Stadtteil um die Prager Burg, *Pražský hrad,* der

Sie bei dieser Gelegenheit auch den obligatorischen Besuch abstatten können. Dort thront, trinkt und entscheidet heute kein König mehr, wohl aber entscheidet, thront und trinkt dort der Präsident des Landes. Die Wachablösung der Burgwächter zur vollen Stunde und mit Fanfaren zur Mittagszeit habe ich noch nie selbst erlebt, gehört aber zum folkloristischen Programm. Sie werden spätestens jetzt merken, dass Sie wahrlich nicht allein sind, denn mittlerweile dürfte es auch Spätaufsteher in Richtung der klassischen Sehenswürdigkeiten verschlagen haben.

Abhilfe schafft ein ebenfalls durch kleinen Fußmarsch zu erreichender Abstecher in die *Letenské sady*, den Letna-Park, der bei den Pragerinnen und Pragern beliebt ist – nicht zuletzt wegen der vielen Kulturveranstaltungen, die im Sommer *auf Letná* stattfinden. Auf den schönen Biergarten auch dort muss ich im Grunde nicht mehr hinweisen.

Wenn Sie den Park verlassen, landen Sie geradewegs in einem sich wandelnden Viertel: Holešovice war früher eine klassische Industrievorstadt, hat sich aber in den letzten Jahren ganz schön herausgeputzt: Besonders die jungen Bewohner Prags entdecken das Viertel für sich, viele Lokale der neuen Café- und Kneipenkultur der Stadt sind hier entstanden. Und obwohl der Stadtteil immer noch ein wenig den diskreten Charme der Peripherie pflegt: Es ist hip geworden in Holešovice. Aber das fällt Ihnen vielleicht beim ziellosen Spaziergang durch die Straßen selbst auf. Wenn Ihre Erkundung an einem besonders schönen Platz enden soll: Vom *Strossmayerovo náměstí,* dem Strossmayerplatz, fahren zahlreiche Straßenbahnen wieder auf die andere Seite der Stadt.

Natürlich könnte man die Tour in das Prag links von der Moldau auch ganz anders angehen – beispielsweise beginnend mit einem Spaziergang oder einer Straßenbahnfahrt vom *Narodní divadlo,* dem Nationaltheater, aus über die *Most Legií*, die Brücke der Legionen – und natürlich gibt es auf den Wegen unzählige Sehenswürdigkeiten, Cafés und Restaurants, die sich lohnen.

Allerdings soll dieser kleine und selbstredend unvollständige Kartengang durch das linksmoldauische Zentrum Prags Ihnen vor allem Anregungen geben, wo genau es sich lohnt, die Nase in den Wind zu halten. Touristisch bedrängte Sehenswürdigkeiten wechseln sich ab mit kleinen Weinlokalen in den Seitenstraßen, und nach einem Besuch der Prager Burg fühlt man sich in einem Viertel wie Holešovice, als hätte man gleich die ganze Stadt gewechselt. Es gilt das, was ich für fast ganz Prag empfehlen kann: Das Herumstromern lohnt sich. Mit den Grundbegriffen dieser kleinen Kartenbegehung im Gepäck haben Sie zumindest Stichworte, mit denen es nicht ganz so ziellos und geradewegs an den wirklichen Stadtrand führt.

Die tschechische Seele: Sehnsucht ohne Meer in Sicht

Schon nach kurzer Zeit begegnet man in Tschechien einer gängigen Grußformel, gern in wunderbarem Hauptstadt-Singsang gedehnt, verwendet vor allem, wenn man sich schon eine Weile kennt, wenn sich tschechische Freundinnen oder Freunde zufällig an der Straßenbahnhaltestelle treffen: *Ahoj*, ruft man sich zur Begrüßung zu, *Ahoj* sagt man zum Abschied.

Es gehört zum Seemannsgarn, dass ausgerechnet ein tschechischer Matrose jenes im Land allgegenwärtige *Ahoj* überhaupt erst in die Schifffahrt gebracht hat. Nach langer und beschwerlicher Reise auf dem Wasser, so sagt es die Legende, soll Land in Sicht gekommen sein, soll der Matrose sein heimatliches *Ahoj* ausgerufen haben, gedehnt und laut und wieder und wieder, und alle Mitmatrosen, so sagt es die Legende, hätten mit*ahojt*, und so sei es also niemand anders als ein leibhaftiger Tscheche gewesen, der den informellen Gruß seines kleinen Heimatlandes in die Sprache der großen Weltmeere trug. Leider ist diese Geschichte in jederlei Hinsicht unhaltbar. Dabei klingt sie doch eigentlich so schön, dass man sie durchaus erzählen könnte – ich jedenfalls habe sie jahrelang geglaubt und genau so weitergetragen.

Zum wahren Ursprung des *Ahoj* in der tschechischen Sprache gibt es natürlich viele Theorien, die auf der Umkehrung der Legende vom tschechischen Matrosen mit Land in Sicht basieren. Eine recht glaubhafte Variante besagt, dass tschechische Seeleute den Gruß vom *Vltavský přístav* mitbrachten, dem Moldauhafen in Hamburg, der heute noch existiert und im letzten Jahrhundert für die tschechische Schifffahrt von großer Bedeutung war – schließlich ist der Weg über Moldau und Elbe der einzige Zugang der tschechischen Schiffe zu den Meeren der Welt. Und damit landen wir über den Umweg des Maritimen genau dort, wo es schmerzlich wird: in der tschechischen Seele. Die Seele der Tschechin und des Tschechen an sich, um das Thema mal mit ernstem und deutschem Pathos anzugehen, ist in gewisser Hinsicht zart besaitet und empfindsam, ewig gebeutelt und zutiefst traurig. Sie kann sich noch so viele Geschichten ausdenken über das *Ahoj* und sich einreden, dass es so und nicht anders gewesen sein muss – es ändert nichts an einer Leerstelle, an einer Lücke, an einem Nichts. Ja, es mangelt der tschechischen Seele an etwas, und zwar für immer und ewig. Die wechselvolle Geschichte der vergangenen Jahrhunderte hat ihr auch arg zugesetzt, aber was ist das schon angesichts einer alltäglichen Alltäglichkeit, die nie aufhört? *Ahoj* sagt man zur Begrüßung, *Ahoj* sagt man zum Abschied, und es bleibt doch eine unerfüllte Sehnsucht, ein niemals, niemals zu kompensierender Widerspruch. Ausgerechnet im Land der *Ahoj*sager, selbst laienhafteste Geografen können dies nachprüfen, da fehlt eine Sache: das Meer nämlich. So richtig groß und richtig tief. Das hat Tschechien nicht anzubieten. Und, so die Legende weiter, die tschechische Seele trauert deshalb beständig und hat über die Jahrhunderte Mittel und Wege der Bewältigung gefunden: Anstatt im Meer zu schwimmen, trinkt man als Ersatz geradezu manisch ganze Ozeane von Bier, bis der böhmische Wellenschlag irgendwann in der Nacht doch noch in den Ohren rauscht. Und wenn dann Ebbe ist in der Kasse, dann begibt man sich torkelnd aus der Kneipe an den Moldaustrand, schließt die Augen und stellt sich das flutende tschechische Meer bei Nacht einfach vor.

Vielleicht rührt daher ja auch das ewige Fernweh, das sich bei fast allen meiner tschechischen Freundinnen und Freunde fast zwangsläufig immer wieder einstellt. Manchmal ganz undefiniert und unterschwellig, manchmal auch ziemlich deutlich: Wenn es schon nicht zum regelmäßigen Verlassen des Landes, besser noch, des Kontinents reicht, dann ist immer Platz für eine kleine Reise: An den Wochenenden beispielsweise habe ich in Prager Bahnhöfen manchmal den Eindruck, dass die ganze Stadt sich auf Wanderschaft begibt. Auch viele meiner Freunde zieht es spätestens Freitagnachmittag raus aus der Stadt. Man ist unterwegs, fährt an einen Fluss oder in die Berge, und wenn es nicht ganz so weit sein soll, dann wenigstens zum Beachvolleyball in einen Prager Vorort. Womit wir ja fast schon wieder am Strand landen, und wer Strand sagt, der sagt Meer, und wer Meer sagt, der sagt irgendwann auch *Ahoj*.

Mit solch einem prächtig geschmetterten *Ahoj* begann auch meine erste innige Begegnung mit dem tschechischen Seelenleben. Ich weiß noch, es war ein heißer Sommertag, und ich war das erste Mal für längere Zeit am Stück in Prag. Ich hatte mich mit einem Schriftsteller namens Jaroslav zum Interview verabredet. Damals ahnte ich noch nicht, dass er schon bald einer meiner besten Freunde sein würde. Obwohl ich Zeit gehabt hätte, mir unsere gemeinsame Zukunft auszumalen. Jaroslav kam nämlich, daran gewöhnte ich mich im Laufe der Jahre bei tschechischen Verabredungen, ordentlich zu spät. Vielleicht eine gute halbe Stunde, was nach meinen anschließenden Erfahrungen durchaus noch unter *ziemlich pünktlich* verbucht werden kann. Dieser Jaroslav also lief die Straße entlang, winkte und rief mir ein zärtlich gedehntes *Ahoj* zu, obwohl wir uns noch nie zuvor gesehen hatten.

Die ganze Situation war von vornherein so absurd, wie das eigentlich nur in Prag passieren kann: Ich war nämlich komplett blank. Wirklich restlos. Bis auf ein wenig Klimpergeld, das nicht mal mehr für ein Glas Wasser gereicht hätte. Der Bankomat spuckte keine einzige Krone mehr aus, und das war nur teilweise meine Schuld, es hatte mit Sommerurlauben in kafkaesken Rechnungsabteilungen von öffentlich-rechtlichen Rundfunksendern zu tun, aber ich will nicht weiter ausholen. Dass ich meinen Interviewpartner anpumpen musste, war vollkommen klar – zu der Zeit kannte ich schlichtweg niemanden in Prag. Aber wie macht man das, ohne gleich unangenehm aufzufallen?

Ahoj, es freut mich, dich zu treffen, sagte Jaroslav zu mir. *Ahoj*, mich auch wirklich sehr, antwortete ich. Hast du lange gewartet, fragte Jaroslav. Ach was, ich bin auch gerade erst gekommen, erwiderte ich. Aber, fasste ich gleich geradezu hündisches Vertrauen, platzte es gleich aus mir heraus, ich kann noch nicht mal ein Bier bezahlen, weißt du, es ist nicht allein meine Schuld, beim Öffentlich-Rechtlichen ist gerade Ferienzeit, und ... weiter kam ich nicht. Ohne eine

Nachfrage, ohne peinliche Berührtheit, die solchen Situationen ja eigentlich innewohnt, ohne auch nur mit der Wimper zu zucken zerrte der tschechische Schriftsteller den deutschen Journalisten zum Geldautomaten, zog ihm ungefragt zweitausend Kronen von seinem tschechischen Schriftstellerkonto, gab sie ihm in die Hand und sagte: »So, jetzt hast du auch wieder Geld für Bier.« Auf diese Weise rettete also meine erste tschechische Bekanntschaft überhaupt mit der lässigen Eingabe ihrer Geheimzahl nicht direkt mein Leben, zumindest aber meine Zeit in Prag.

Danach suchten wir uns einen Biergarten und redeten. Einfach so, ohne Punkt und Komma. Über das Deutschsein, über das Tschechischsein, über Deutschsein in Tschechien und Tschechischsein in Deutschland, natürlich über die Liebe, natürlich über das Scheitern, natürlich über das Scheitern in der Liebe, und irgendwann sogar über *Krteček,* »das Maulwürfchen«, den *kleinen Maulwurf* also, der für mich als Westkind die allererste Begegnung mit diesem Tschechien war und der ebenso herzzerreißend wie anrührend sein unschuldiges *Ahoj* vom Maulwurfshügel aus in die Welt trompetete. Ja, wir quatschten über ziemlich Banales und enorm Intimes, wir kannten uns gerade einen Geldautomatenbesuch und zwei Getränke lang, und es war so, als hätten wir schon mindestens einen ganzen Sommer zusammen in diesem Biergarten verbracht. Ich saß also in meiner Rolle als deutscher Journalist einem tschechischen Erfolgsschriftsteller gegenüber, und nichts interessierte uns an diesem Nachmittag weniger als irgendein Interview. Die Sache, wegen der wir uns eigentlich getroffen hatten, verschoben wir dann auch kurzerhand um mehrere Tage.

Zwischen Jaroslav und mir gab es von Anfang an also eine tiefe Verbundenheit, ja, eine seltsame Vertrautheit tschechisch-deutscher Art. Schon an unserem ersten gemeinsamen Nachmittag, der sich in einen irgendwann schwammig werdenden Abend zog, schafften wir es jedenfalls, uns Bier für Bier ein Stück vom böhmischen Meer einzuverleiben. Am nächsten Tag lud er mich zu einer Feier in seiner Wohnung ein, ich lernte seine Freunde kennen, von denen einige in der folgenden Zeit auch meine Freunde wurden. Unvoreingenommen und offen, wirklich interessiert und ziemlich uneitel, manchmal fantastisch versponnen und immer liebenswert, gut im Improvisieren und praktisch veranlagt, noch dazu gesegnet mit einem Witz, den man nicht lernen kann, mit dem man geboren sein muss – so erlebte ich sie, die Tschechinnen und Tschechen. Dass sie mich auf jener ersten Party den ganzen Abend lang *Schnitzel* riefen, habe ich ihnen schnell verziehen, denn auch das geschah auf eigenartig liebevolle Weise. So war mein erstes Urteil über mein zukünftiges Lieblingsvolk – klammern wir die kleine *Schnitzelaffäre* mal großzügig aus – durchweg positiv.

Vielleicht hatte ich immer Glück, vielleicht liegt es daran, dass wir alle zur jungen Generation gehören, aber diese angenehmen Attribute fallen mir bis heute ein, wenn ich an meine tschechischen Freunde denke. Und zwar ohne Abstriche. Ja, oft sehne ich mich sehr nach ihnen, wenn es mir in meiner deutschen Alltagsexistenz mal wieder allzu deutsch wird, wenn mir das milde tschechische Lächeln über Verspätungen, Missgeschicke und das kleine Scheitern allzu sehr fehlt. Wenn meine Seele kurzzeitig glaubt, selbst schon ganz und gar tschechisch zu sein. Diese Sehnsucht führt schon auf die richtige Spur.

Zuerst mal ist das mit *der* tschechischen Seele so eine Sache – zwar besteht das Volk nur aus rund 10,5 Millionen

Tschechinnen und Tschechen – aber Einwohner des Landes ist natürlich nicht gleich Einwohner des Landes. Was ist mit der böhmischen Seele im Gegensatz zur mährischen? Oder der schlesischen? Überhaupt, in Prag ticken die Uhren anders als in Brünn oder in Ostrava oder gar in der sogenannten Provinz.

Versuchen wir es trotzdem mal, fangen wir klein an, stellen wir uns ein schematisches Schaubild aus dem Biologieunterricht vor: Dieses Ding hier auf der Zeichnung vor uns, so unscheinbar es im ersten Moment auch wirkt, das also ist die tschechische Seele. In der Mitte sehen wir, ausgesprochen raumgreifend, die *Melancholie* und die *Sehnsucht*. Eine melancholische Sehnsucht oder sehnsüchtige Melancholie, die für mich immer präsent ist. Häufig blitzt sie in Gesprächen auf, oft entdecke ich sie in den Blicken der Menschen auf der Straße oder in der Prager Tram oder Metro. Das ging mir von Anfang an so, ich kann diesen auf seine eigene Art und Weise so tschechischen Charakterzug nicht richtig greifen. Zumal das alles eher zwischen den Zeilen geschieht, nicht gleich offensichtlich ist, wenn am Kneipentisch ein Witz nach dem anderen gerissen und eine unglaubwürdige Geschichte nach der anderen verkauft wird.

Nicht zu vernachlässigen ist in diesem Zusammenhang natürlich das Netz aus *Erinnerungen*, von denen Melancholie und Sehnsucht umwoben sind, von denen sie zusammengehalten werden. Längst nicht immer gute Erinnerungen sind es: Man denke nur an die Jahrhunderte der Fremdbestimmung, man muss sich nur die relativ junge Geschichte vor Augen führen, um einen Eindruck der Düsternis zu bekommen. Denn was hat allein das 20. Jahrhundert dem Land angetan? Zuerst die brutale Besatzung durch die Nazis, nach dem Zweiten Weltkrieg dann die Okkupation durch die Sowjettruppen nach der Niederschlagung des Prager Frühlings. Anstelle eines *Sozialismus mit menschlichem Antlitz* wurde die tschechische Seele mehrere Jahrzehnte lang bis zur Samtenen Revolution im Jahr 1989 unterdrückt, gebeutelt und gedemütigt.

Aber es gab in all diesem Unglück immer einen Funken Hoffnung. Die ewige Rettung, wenn man so will. Denn durchsetzt ist die tschechische Seele von unzählbaren Partikeln an *Humor*. Generationen von Wissenschaftlern haben sich darum bemüht, das Zusammenwirken von melancholischer Sehnsucht oder sehnsüchtiger Melancholie und dem allgegenwärtigen Humor zu verstehen – richtig geglückt ist es ihnen bislang noch nicht. So bleibt also ein widersprüchlicher Eindruck, schon auf unserer kleinen Schautafel, ja, ein ständiges Wechselspiel, ein scheinbar kaum lösbares Paradox. Nennen wir das mal: eine bittersüße *schwere Leichtigkeit* als Dauerzustand.

Angeberisch gesagt, mir war das alles schon als Kleinkind bewusst. Ich habe ja bereits *Krteček* erwähnt, den kleinen Maulwurf, der als Kind meine erste Begegnung mit Tschechien war. Aber das ist nur die halbe Wahrheit. Denn fast zeitgleich erlebte ich damals auf geradezu brachiale Weise das Gegenprogramm zum lustigen Maulwürfchen. Sozusagen eine andere, finstere Seite der tschechischen Seele.

Im Kinderprogramm des Westfernsehens wurde Ende der Achtziger, vollkommen unkommentiert, ein tschechoslowakischer Film gezeigt. Ein fünfzehnminütiges Puppenspiel von Vlasta Pospíšilová, die als eine der Legenden des tschechischen Animationsfilms gilt. Das alles wusste ich natürlich damals nicht, als ich allein vor dem Fernseher saß und schon die gruselige Musik zum Titel des Films mir die

Haare zu Berge stehen ließ: *Paní Bída*, »Frau Not«. Genau von ihr erzählt das Puppenspiel nämlich. Eine Handwerkerfamilie bekommt Besuch von einer bösartigen Frau mit grauem Gesicht und um den Kopf gebundenem Tuch – es ist die Not höchstpersönlich. Zuerst lässt sie die alles fressenden Mäuse aus ihrer riesigen Handtasche, in welche sie dann den wertvollen Besitz der Familie steckt, um anschließend das Haus mit wenigen Handgriffen bis zur Unbewohnbarkeit zu verwüsten. Sie hinterlässt einen Galgen in dem Chaos und verschwindet mit grausamem Gekicher. So geht es munter weiter, sogar den trägen König treibt das personifizierte Elend erst in den Wahnsinn und, als seine Kutsche schon nur noch von Nagetieren gezogen wird anstelle von Pferden, schließlich in den Tod. Zum Schluss, der Film stammt aus dem Jahr 1983, gibt es doch noch ein glückliches Ende im Sinne des Sozialismus: Frau Not kehrt zurück zur Handwerkerfamilie – aber die schafft es, allein durch ihren Fleiß die Not zu vertreiben. Als die böse Frau Werkzeuge in die Hand gedrückt bekommt und mithelfen soll, da rennt sie panisch davon und ist in kürzester Zeit über alle Berge. Arbeit gut, alles gut. Die Schlusspointe verstand ich als kleines Kind nicht. Was bei mir blieb, das war eine jahrelange Angst vor der Frau mit den Mäusen in der Tasche und dem schrecklichen Lachen. Ich sprach mit niemandem darüber, ich traute mich nicht. Ich hatte Albträume, ich wachte manchmal schweißgebadet auf und stellte mir vor, wie die Not jetzt gleich in mein Kinderzimmer kommt und alles zerstört. Traumatisch war das, und erst zwanzig Jahre später sah ich den Film noch mal – nach wie vor mit einem großen Unbehagen.

Ein glücklicher Maulwurf und eine gruselige Frau Not, das waren also meine tschechischen Eindrücke von Kindesbeinen an. Was schon viel war für ein Kind aus dem Westen der Ahnungslosen. Darüber hinaus schafften es tschechische Märchenverfilmungen über die Grenze, allen voran der noch heute jährlich zu Weihnachten ausgestrahlte Klassiker *Drei Haselnüsse für Aschenbrödel,* sowie die in den Siebzigerjahren beliebte Kinderserie *Pan Tau* über den stets freundlich lächelnden Herrn mit Melone und Zauberkräften, der für Erwachsene unsichtbar ist.

Gerade im benachbarten Ausland macht man es sich bis heute oft leicht mit der Charakterisierung der Tschechen. Neulich entdeckte ich ein älteres Buch, das viel aussagt über das nach wie vor gängige Klischee: *Zehn Millionen Schwejks* heißt es und beschäftigt sich mit dem Humor des Landes. Klar, der Weg zu Schwejk ist in Tschechien niemals weit. Die berühmte Hauptfigur des übrigens letztlich unvollendeten Romans von Jaroslav Hašek betrat 1921 die Bühne der Weltliteratur – und brachte Schrulligkeiten mit, die bis heute als gemeinhin tschechische Eigenheiten verbucht werden: das Schelmenhafte, die innere Rebellion, die sich hinter dem vordergründigen Gehorsam des braven Soldaten verbirgt, das endlose Geschwafel Schwejks und seine vermeintliche Schlichtheit. Ein mit allen Wassern gewaschener Antiheld also, der sich irgendwie immer durchs Leben laviert. Dabei ist das Schwejkhafte manchmal eben wenig schmeichelhaft – und an sich einfach zu simpel, um dem tschechischen Wesen auch nur annähernd gerecht zu werden.

Klar, die Anekdote, der Witz, die lustige Geschichte ist das Salz in der Suppe eines jeden tschechischen Kneipenabends. Selbstironie ist Grundvoraussetzung – das beständige Wissen darum, zu dem kleinen Volk eines kleinen Landes mitten in Europa zu gehören, schwingt auf liebevolle Weise immer mit. Aber da gibt es eben auch die Kehrseite, wenn es später in der Nacht ist und die Gespräche unaufgeregter werden, wenn sogar schon mal Tränen fließen aus Wehmut über die alten Zeiten, als die Kneipen noch Orte waren, in denen sich Menschen aller Schichten trafen und ins Gespräch kamen. Und wenn dann noch jemand seine Gitarre zückt und Lieder spielt, die jeder am Tisch mitsingen kann, dann schaut man kurzzeitig wirklich tief in die Seele des Volkes.

Vielleicht brachte ausgerechnet Milan Kundera, den mit seinem Heimatland im Laufe der vergangenen Jahrzehnte ein gegenseitiges kritisches Beäugen verband, den tschechischen Seelenzustand in einem versöhnlichen Essay im Jahr 2008 auf den Punkt: »Ja, es ist wahr, daß sich die tschechische Nation nicht durch den Geist eines romantischen Heroismus auszeichnet, aber es ist auch wahr, daß die Kehrseite dieser Abwesenheit von Romantik und Heroismus ein nüchterner Verstand, ein Sinn für Humor und ein kritischer Geist ist, mit denen dieses Volk sich selbst betrachtet.«

Ein gängiges Sprichwort spiegelt diesen Charakter, und es verrät vielleicht mehr über die tschechische Seele als all meine Überlegungen bisher: *Život je pes.* »Das Leben ist ein Hund.«

Der Fluss, das Angeln, die Freiheit: Verlassen wir die Stadt

Von Prag aus muss man nicht weit fahren, um sein Herz an die Landschaft zu verlieren. Besser noch, an einen Fluss, der durch Mittelböhmen fließt. Die Berounka ist 139,1 Kilometer lang und mündet in die Moldau. Der Fluss bietet eine unbeschreibliche Ruhe und schlichte Schönheit. Und er hat schon ganze Leben verändert. Gehen wir also dorthin. Verlassen wir die Stadt.

Das erste Mal ist mir jene Berounka in einem Buch begegnet: Der Autor heißt Ota Pavel und beschreibt die ganze Gegend so eindringlich, dass ich mehr über den Landstrich und auch über ihn wissen wollte. Dass ich eine Reise gemacht habe, die ich nur zur Nachahmung empfehlen kann. Weil sie einerseits mitten ins Land außerhalb der Hauptstadt führt – und andererseits so viele Geschichten und vor allem Geschichte erzählt.

Ota Pavel schickte am 30. Januar 1964 eine Postkarte an seine Familie: »Das ist das größte Sportereignis, dass ich jemals gesehen habe. Ich kann es gar nicht beschreiben. Es ist einfach fantastisch.« Am 2. Februar schrieb er erneut in die Heimat, an seine Söhne: »Jungs, seht zu, dass Mama gut isst.« Zu diesem Zeitpunkt war Ota Pavel einer der berühmtesten Sportjournalisten der Tschechoslowakei, er hatte aus mehr als zwanzig Ländern berichtet. Die Funktionäre ließen ihn im letzten Moment sogar in die USA, wo er die Fußballmannschaft der Armee nach New York begleitete und sich auf dem Dach des Empire State Building fotografieren ließ. Ausgerechnet bei den Winterspielen in Österreich, dem größten Ereignis, das Ota Pavel jemals erlebt hatte, endete die Geschichte des Sportreporters. Endete sein Leben, wie es bis dahin gewesen war. Otas Bruder Hugo erinnerte sich in einem Radiointerview daran: Nachdem die tschechoslowakische Eishockeymannschaft die Bronzemedaille gewonnen hatte, wollte Ota Pavel ihr gratulieren. Er ging in die Kabine, sagte: »Ein dritter Platz, das ist doch gar nicht so schlecht.« Einer der Spieler aber schrie ihn an: »Hau ab, Jude, und lass dich vergasen.«

Pavel rannte weg. Von nun an fühlte er sich verfolgt, er lief in die Berge, er wurde verrückt. Auf einem Bauernhof ließ er alle Tiere aus den Ställen frei; dann versuchte er, das Gehöft in Brand zu setzen. Später schrieb er darüber: »Ich wollte ein großes Licht anzünden und den Nebel vertreiben.«

Seine manisch-depressive Psychose, die bei den Innsbrucker Winterspielen aufbrach wie eine vergessene Wunde, hat ihn jahrelang gequält. Sechzehn Mal musste er sich stationär in der Psychiatrie behandeln lassen. Sie schickten ihn in Frührente. Und der Nebel wollte nicht mehr verschwinden.

Aber das hier soll ja nicht nur eine Geschichte von Düsternis und einer Kindheit voller schwarzer Schatten sein.

Es ist die Geschichte einer Landschaft. Es ist die Geschichte eines Mannes, dem die Welt das Herz brach, aber dem die Erinnerung das Leben rettete. Der berühmt wurde, verrückt wurde, und noch berühmter wurde. Es ist eine Geschichte vom Angeln und vom Fluss und vom Glück, die Welt trotz allem noch wie ein Kind zu sehen.

1930 wurde Ota Pavel in Prag geboren. Eigentlich hieß er Otto Popper, doch seine Familie änderte ihren jüdischen Namen nach dem Krieg. Der Vater Leo war Handelsvertreter und verkaufte für die schwedische Firma *Elektrolux* Staubsauger und Kühlschränke; sehr erfolgreich, legendär erfolgreich. Ota war der jüngste der drei Söhne. Die Sommer verbrachte die Familie auf dem Land, an Flüssen, Bächen und Seen. Das Angeln, der Sport, die Natur: Die frühen Jahre von Ota Pavel waren glücklich. Und entscheidend für das, was er später schreiben würde. Schon als kleiner Junge saß er an der Berounka. Schon als kleiner Junge lernte Ota den Fährmann Karel Prošek kennen, der in seinem Kahn die Leute von einem Flussufer der Berounka zum anderen brachte, der ihm alles über die Fische sagte und das Angeln zeigte. Das Angeln wurde zu Ota Pavels Leidenschaft, mehr noch, zur tröstenden Philosophie, zur Liebe seines Lebens.

1930 kam Ota Pavel also in Prag zur Welt. Doch 1939 war diese Welt eine andere. Die Nazis hatten sich das Land einverleibt und regierten mit gnadenloser Brutalität. Die Bevölkerung wurde terrorisiert. Die Zeit der Sommer war vorbei. Und die Winter wurden lang und hart. Die Familie musste Prag verlassen, wie so viele jüdische Familien. Ota zog mit seinen Eltern und Brüdern nach Buštěhrad. Dort, in einem Dorf gut zwanzig Kilometer von Prag entfernt, stand das Haus der Großeltern. Sein Vater und die

Brüder wurden später deportiert, nur Ota und seine Mutter durften in Buštěhrad bleiben – die Mutter war keine Jüdin, und Ota zu jung für das Konzentrationslager. Er wartete nicht nur Jahre auf die Rückkehr von Vater und Brüdern, die am Ende das KZ überlebten, seine Familie erlebte auch eine der erbarmungslosesten Taten der NS-Besatzer aus nächster Nähe mit: die Auslöschung eines ganzen Dorfes. Das Dorf Buštěhrad war nur wenige Kilometer vom Dorf Lidice entfernt, nicht mal drei Kilometer. Und Lidice ist bis heute eine Wunde. »Wir hörten Lidice brennen, wir hörten Lidice schreien«, schrieb Ota Pavel. Und: »Die Vernichtung von Lidice können wir niemals vergessen, sie bleibt in unseren Herzen haften wie eine Zecke in der Haut, die anstelle von Freßzangen und Beinen ein großes schwarzes Hakenkreuz hat.«

Vor der Reise an die Berounka bin ich nach Buštěhrad gefahren. Es ist nicht weit von Prag und zugleich ein guter Einstieg, um die Lebensphilosophie von Ota Pavel zu verstehen, dem Sportreporter, dem Verrücktgewordenen, dem Flussliebenden, dem Schriftsteller, der in späteren Jahren in solch zerbrechlicher Zartheit die Natur und die Menschen beschrieben hat, die ihm am Herzen lagen.

Nach Buštěhrad fährt ein Bus vom Prager Stadtrand aus. Es ist ein seltsamer Ort an jenem Wochenende, ein in gewisser Weise verlorener Ort. Die Dorfhunde schlagen an. Kein Auto unterwegs weit und breit. Nur ein Verkaufswagen mit Lautsprechern auf dem Dach, der die nächsten Stunden zwecklos durch Buštěhrad kreuzen wird, obwohl niemand Anstalten macht, irgendwas zu kaufen: »Damenschuhe, Herrenschuhe, Kinderschuhe«, schallt es aus den Lautsprechern, »unschlagbare Angebote«. Immer wieder: »Damenschuhe, Herrenschuhe, Kinderschuhe«. Ein Sonntagmorgen im Spätsommer. Ein Dorf jenseits von Prag. Eine Straße ist nach Ota Pavel benannt: Das rote Schild mit weißer Schrift hängt neben einem heruntergekommenen Haus im Dorfkern. Schräg gegenüber, ein Stück von den Teichen entfernt, haben sie ein Museum für Ota Pavel eingerichtet. Geöffnet nur am Wochenende.

Die ältere Dame am Eingang freut sich über den Besuch und lässt ihre Illustrierte sinken. Ein bescheidener Ort, liebevoll gepflegt. Zwei kleine Räume. Tafeln und Fotos. Und: sein Schreibtisch. Ota Pavels Prager Arbeitsplatz der letzten Jahre. Der Tisch aus Holz, Spinnweben hier und dort. Ein an einigen Stellen geflickter Stuhl, alles andere als bequem. Eine Schreibmaschine, darin eingespannt ein leerer Briefbogen mit Ota Pavels Adresse. Am Schreibtischstuhl hängt eine wettergegerbte Ledertasche, lange Tage und Nächte am Fluss hat sie hinter sich. Auf dem Boden stehen zwei kleine leere Limonadenflaschen. Und an der Wand über dem Schreibtisch hängt ein Plakat, groß und farbig: Frischwasserfische. Briefe, Postkarten, Dokumente. Krankenbericht aus Innsbruck. Überstellungsformular in die Tschechoslowakei. Telegramme nach Hause. Und Fotos, überall Fotos.

Als der Krieg vorbei war, verließ Ota Pavel Buštěhrad, kehrte mit seiner Familie zurück nach Prag und ging auf die Handelsschule. Pavel berichtet in seinen autobiografischen Erzählungen davon, wie sein Vater erfolglos versucht, ihn als Vertreter für Fliegenfänger zu etablieren. Es brachte nichts. Er wollte schreiben. Über Sport, über Wettkämpfe, über die Gewinner und die Verlierer. Die Leute liebten seine Art, literarisch über den Sport zu schreiben. Ja, er wurde berühmt. Man verlässt das Museum mit dem Gefühl, viel von Ota Pavel gesehen zu haben. Aber nicht alles.

Denn das eigentliche Ziel der Reise ist noch nicht erreicht. Die Berounka fehlt noch, der Fluss der schönen Fische. Der Fluss, in welchem irgendwo zwischen den Stromschnellen das Herz von Ota Pavel schlägt, immer noch schlägt.

Was bleibt einem übrig, wenn man den Verstand verloren hat? Schlimmer noch, wenn man den Verstand verloren hat und es selbst ganz genau weiß? Ota Pavel kehrte dorthin zurück, wo er selig war: »Als ich so langsam vor mich hinstarb, sah ich vor allem den Fluß, der mir in meinem Leben am meisten bedeutete und den ich liebhatte.« Kleine Erzählungen waren es, die er in den Jahren nach dem Innsbrucker Wahn schrieb. Autobiografische Geschichten aus dem Leben. Und die machten ihn erst recht berühmt. *Der Tod der schönen Rehböcke* hieß eins der Bücher, *Wie ich den Fischen begegnete* ein anderes. Der Blick auf die Welt durch die Augen eines alten Kindes. Erschrocken, ehrfürchtig, erstaunt. Man liest Ota Pavel in Tschechien selbstverständlich noch in der Schule, und die ältere Generation kennt alle Verfilmungen der Geschichten. Manche halten diese Prosa für zu einfach, für zu schlicht: karger Stil ohne viel Fantasie. Keine intellektuellen Experimente. Ein schreibender Journalist mit zu viel Kindheit im Kopf. Aber: Die vermeintliche Schwäche des Einfachen war Pavels größte Stärke. Er wusste ganz genau, was er da machte. Und so idyllisch und schön sich diese Geschichten über das Fischefangen und die Kindheitssommer auch lesen, immer wieder schlägt Ota Pavel einem die Faust ins Gesicht, kurz und trocken, weil er die Wahrheit kennt, weil er keine andere Wahl hat: »Er war zum Verkaufen geboren, ebenso wie vor tausend Jahren ein Krieger zum Töten geboren wurde«, heißt es in einer an sich komischen Geschichte über seinen Vater, der nach dem Krieg eben statt Staubsaugern und Kühlschränken neuartige Fliegenfallen mit DDT unter die Leute bringen wollte. Kurz und trocken wie ein Boxer.

Die Berounka ist 139,1 Kilometer lang. Ein Fluss in Tschechien, der in die Moldau mündet. Ein Fluss, der das Leben verändern kann. Und am Schönsten ist die Berounka, wo man Ota Pavel sieht. Die Gegend um Křivoklát in Mittelböhmen, anderthalb Stunden mit dem Zug von Prag entfernt. Eine Gegend, die rührend und archaisch ist, aber trotzdem nicht aus der Zeit gefallen. Hier ist nicht nichts, hier ist alles. Hügelige, bewaldete Berge und Felsen. An den Ufern des Flusses lauter Angler. Lauter kleine Boote überall. Man muss ein ganzes Stück laufen, um zu Ota Pavel zu gelangen. Am schlammigen Flussufer entlang. Aber dann kommt man an: eine Aue bei Branov. Hier also hat der knurrige Fährmann Prošek gewohnt, hier hat Ota Pavel alles gelernt, was man braucht. Zwei umgedrehte Kähne. Ein kleiner Gedenkraum für den Schriftsteller. Jetzt plötzlich ein Gewitter, mit Regen und Wind.

Und ebenso plötzlich steht da, wie aus heiterem Himmel, dieser stämmige Mann. Nicht Ota Pavel. Nicht der Fährmann. Aber dessen Enkel. Zufällig. Václav Prošek, der Ota Pavel noch gekannt hat. Der das Angeln bei ihm gelernt hat. Genau so, wie Ota Pavel das Angeln bei dessen Opa, dem Fährmann, gelernt hat. Wir stehen also nun da, wo alles zusammenfließt. Im strömenden Regen. Wie Ota Pavel war? Wie ein großes Kind eben. Wettgepinkelt in die Berounka haben sie, erzählt Václav Prošek, und viel gelacht. Erst als Erwachsener hat er verstanden, was er als kleiner Junge alles von Ota Pavel gelernt hat. Nicht nur über das Angeln und den Fluss.

Das Gewitter hat sich so schnell verzogen, wie es gekommen ist. Václav Prošek erzählt und sieht beim Lachen so aus, als wäre er mit Ota Pavel verwandt. Der Himmel ist wieder blau, einige Frauen baden in der Berounka, zwei Jungen angeln ein Stück entfernt, die Leute aus den Booten rufen ihnen zu: »Wie beißen sie?« – »Nicht gut, nichts gefangen bis jetzt.«

Man setzt sich auf die kleine Bank neben den umgedrehten Kähnen. Man schweigt. Würde man das Angeln doch nur beherrschen. Man schaut den Anglern aber immerhin zu. Zeit vergeht. So begegnet man den Fischen und Ota Pavel. Der sagt am Ende eines Buchs, was man erst hier versteht, irgendwo in Mittelböhmen, irgendwo an diesem Fluss: »Das Fischen ist vor allem Freiheit. Kilometerweit zu den Forellen gehen, Wasser aus Brunnen trinken, allein und frei sein, wenigstens für eine Stunde, für Tage oder sogar für Wochen und Monate.«

Ota Pavels Herz hat es nicht lange ausgehalten auf der Welt. Mit nur 42 Jahren ist er an den Folgen eines Infarkts gestorben und bei seinem Vater auf dem Neuen Jüdischen Friedhof in Prag beerdigt worden. Es ist wenig originell, diese Geschichte in Prag enden zu lassen. Aber es geht in diesem Fall nicht anders. Der Friedhof ist weltbekannt, Franz Kafka ist dort auch begraben. Es gibt opulente Grabstätten, es gibt einfache Grabstätten, und es gibt das Grab von Ota Pavel. Man muss es suchen, es ist schlicht und versteckt. Er hat eine eigene kleine Steintafel auf dem Grab. Und mehr noch. Beugt man sich hinunter und sieht genau hin, dann findet man lauter bunte Steine, von Besuchern bemalt und als Geschenk mitgebracht. Kleine Steine mit bunten Fischen darauf, und die Farben verblassen nur langsam.

Böhmen hier, Mähren dort:
Brno macht den Unterschied

Vor einer Weile hatte ich zusammen mit meinem schon erwähnten Freund Jaroslav Rudiš eine Lesung in *Brno*, Brünn, der zweitgrößten Stadt des Landes. Ein sehr umtriebiger Verlag organisiert dort jährlich den sogenannten *Monat der Autorenlesung*, bei welchem sich tschechische und fremdsprachige Schriftstellerinnen und Schriftsteller begegnen und gemeinsam ihre Arbeit vorstellen. Die Lesung lief sehr gut, das Publikum war unglaublich gespannt und interessiert, wie es das in Tschechien übrigens auf bemerkenswerte Weise immer ist. Im Anschluss wurden ebenso spannende und interessierte Fragen gestellt.

Vor jener Veranstaltung hatte ich gemeinsam mit Jaroslav einer Tageszeitung ein Interview gegeben und dabei etwas Unbedachtes gesagt wie: »Ein wenig verhält es sich doch mit Brünn und Prag wie mit Leipzig und Berlin: Viele Brünner träumen von Prag, wie eben auch viele Leipziger von Berlin träumen.« Vielleicht hatte ich auch noch die Schwierigkeit der *zweitgrößten Stadt* thematisiert, die immer zumindest ein wenig im Schatten steht, aber das war gar nicht der Punkt, wie ich am Ende jener Lesung erfahren sollte: Zum Schluss ergriff nämlich ein Besucher das Mikrofon und wies mich etwas entrüstet darauf hin, dass sicher nicht alle Brünner von Prag träumen – überhaupt, was habe die eine Sache mit der anderen zu tun? Brünn sei Mähren und Prag nun mal Böhmen.

Ich muss ganz ehrlich gestehen: Mir war der Unterschied zwar klar gewesen, nicht aber, dass es heute noch ein so sensibles Thema sein kann, Böhmen und Mähren in einen Topf zu werfen. Auf die Bitte um eine Stellungnahme konnte ich damals auf der Bühne nur rumdrucksen. »Darüber muss ich nachdenken«, sagte ich, und der Schlussapplaus des Publikums rettete mich aus der Bredouille.

Der kleine Vorfall zeigt: Tschechien ist natürlich Tschechien, und ohne jeden Zweifel gibt es mehr Verbindendes als Trennendes zwischen den einzelnen Landesteilen, wenn man nicht gerade zu den natürlich auch existierenden Hardcore-Separatisten gehört. Aber besonders wenn einem unangenehme Fragen blühen, dann lohnt sich die feine Unterscheidung: Böhmen, Mähren und Schlesien sind die drei historischen Länder, aus denen die Tschechische Republik besteht. Der schlesische Teil umfasst beispielsweise die Gegend um Ostrava und Teile des Altvatergebirges; Böhmen hat, unter vielen anderen Dingen, den Böhmerwald, die Hauptstadt und das Böhmische Paradies (*Český ráj*), eine Mittelgebirgslandschaft im Nordosten des Landes mit atemberaubenden Felsenstädten aus Sandstein, zu bieten. Das mährische Paradies wiederum, und das schreibe ich nicht, um dem kritischen Frager bei meiner Lesung einen späten Gefallen zu erweisen, existiert an einer Vielzahl von Orten. *Malerisch* ist natürlich ein sehr strapazierter Begriff – tatsächlich trifft er aber auf die mährische Landschaft, auf ihre Hügel und Dörfer, auf ihre Bäume und Felder, ganz und gar zu. Wenn man im Herbst mit dem Zug durch Mähren fährt, dann ist das Spiel der Farben so faszinierend, dass man an einem beliebigen Ort aussteigen und gleich einige Tage bleiben möchte. Mähren gilt, allein deshalb lohnt sich zur richtigen Zeit ein Besuch, als die Weingegend schlechthin. Die Kleinstadt Mikulov an der österreichischen Grenze gehört zum Pflichtprogramm, wenn man in der Gegend ist – es gibt Weinlehrpfade und eine Dauerausstellung zum Weinbau, außerdem natürlich zahlreiche Verkostungen. Je nach Jahreszeit kann es mitunter schwierig sein, ein Zimmer dort zu bekommen – aber dann bleibt als eine der zahlreichen Ausweichmöglichkeiten immer noch das nicht weit entfernte Znojmo, ebenfalls eines der südmährischen Zentren des Weinanbaus. Wer lieber in Prag und in der Nähe des böhmischen Biers bleiben will: Jeder halbwegs gut sortierte Supermarkt in der Hauptstadt hat eine große Auswahl an mährischen Weinen im Angebot.

Ein Mentalitätsunterschied ist übrigens auch vorhanden, wie mir Bewohnerinnen und Bewohner beider Landesteile wechselseitig bestätigten. Die Mähren gelten als fröhlicher, offener, genussfähiger – erzählte eine gebürtige Pragerin (also Böhmin!), mit der ich über das Thema sprach: Ob im Zug durch Mähren oder in Brünn – es kann passieren, dass man einfach so freundlich angesprochen wird – was in Böhmen seltener vorkommt. Also tatsächlich Sonne und Weinberge (Mähren) contra Bier und Knödelberge (Böhmen)? Ganz so einfach ist es nicht, aber es lohnt sich, die Klischees auf eigene Faust zu erkunden.

Für den ersten Ausflug nach Mähren empfehle ich unbedingt einen längeren Besuch in *Brno*. Natürlich gibt es sehr viele Scherze, die sich mit der Existenz der mährischen Metropole im Schatten der böhmischen Hauptstadt beschäftigen – oft geht es dabei um die fehlende Metro oder die fehlenden Hochhäuser. Ist man einige Tage in der Stadt, dann lernt man die Vorzüge Brünns gegenüber dem rastlosen Prager Treiben allerdings kennen und schätzen: Zweifelsohne geht es etwas ruhiger zu, doch muss sich *Brno* in kultureller Hinsicht nicht vor der Hauptstadt verstecken. Viele Studentinnen und Studenten prägen das Stadtbild. Hinzu kommt, dass es für die Kunst- und Kulturszene eben noch andere, ja, erschwinglichere Freiräume gibt. Ein weitläufiger Fabrikkomplex in Bahnhofsnähe beispielsweise ist zum Refugium für viele Künstlergruppen der Stadt geworden, und an szenigen Lokalen mangelt es Brünn nun wirklich nicht.

Stellvertretend für die blühende Gastronomielandschaft sei das *Bistro Franz* in der *Veveří* erwähnt: ein cool gestalteter, sehr liebevoll betriebener Ort mit hervorragender Bioküche. Für den Kaffee zwischendurch fällt die Entscheidung noch schwerer. Im *Café Tungsram* (benannt nach einer osteuropäischen Glühbirnenmarke) am *Kapucínské náměstí* unweit vom Hauptbahnhof trifft man Brünner Kulturschaffende bei der Arbeit. Ein anderes sehenswertes Café liegt etwas versteckter: Das kleine, feine *Alfa* befindet sich in der vom berühmten Brünner Architekten Bohuslav Fuchs im funktionalistischen Stil entworfenen Passage gleichen Namens in der *Poštovská*. Und der Kaffee, da spürt man die Nähe zu Wien, schmeckt hier wie dort ganz ausgezeichnet.

Es gibt auch sehr gute Theater und Kinos, natürlich nicht in der hohen Dichte, wie sie sich in Prag finden lassen. Dennoch verfügt Brünn, bedenkt man, dass die Stadt derzeit knapp 380 000 Einwohner hat, über eine sehr facettenreiche Kulturszene, die von der Vielfalt her mit Prag mithalten kann. Nur dass die Wege zwischen den einzelnen Orten nicht so weit sind wie in der Hauptstadt.

Zu den touristischen Höhepunkten, die man tatsächlich gesehen haben sollte, gehört die *Festung Špilberk,* von der aus man einen weiten Blick über Stadt und Landschaft hat – und natürlich die *Villa Tugendhat,* die nach den Plänen von Ludwig Mies van der Rohe errichtet wurde und zu den bedeutendsten Gebäuden der modernen Architektur schlechthin gehört. Den perfekten Zugang zu Brünner Sehenswürdigkeiten und zugleich eine neue Perspektive auf historische Bauwerke bietet das *Brünner Architekturmanual,* kurz *BAM* genannt. Hervorgegangen ist es aus einem Projekt des *Hauses der Kunst*. Das Handbuch gibt es sowohl in gedruckter Form als auch im Netz, und es enthält viele verschiedene Routen durch Stadtviertel und Gegenden, in die man sonst möglicherweise nie kommen würde. Ein idealer Begleiter also, mit dem man sich die Touristenführung ohne Weiteres sparen kann.

Bemerkenswert ist übrigens auch der sprachliche Unterschied – hört man in den Cafés oder auf der Straße ein wenig zu, dann fällt sofort auf, dass der gedehnte Prager Singsang in Brünn fehlt. Dafür ist die Erinnerung an den *Hantec* in verschiedener Form präsent: Der in Brünn gesprochene Dialekt, eine Mischung aus Tschechisch, Deutsch und Jiddisch, entstand vor dem Zweiten Weltkrieg und wird in voller Ausprägung nur noch selten beherrscht – doch er hält sich konstant in Teilen und zumindest in einigen Lehnwörtern, die man in der Hauptstadt nicht zu Ohren bekommen würde, *šalina* für »Straßenbahn« (anstatt *tramvaj*) ist eines der bekanntesten Beispiele dafür. Das Deutsche spielt, allein schon wegen der gemeinsamen Geschichte, natürlich nach wie vor eine große Rolle. Und die Aufarbeitung und der Wunsch nach Versöhnung führen auch in der Gegenwart immer wieder zu wichtigen Annäherungen: So wurde nach dem Zweiten Weltkrieg die deutschsprachige Bevölkerung auf brutale Art und Weise vertrieben – allein beim *Brünner Todesmarsch,* der zu den *wilden Vertreibungen* gezählt wird, die nicht von staatlicher Seite koordiniert waren, wurden am 31. Mai 1945 27 000 Personen von Brünn aus in Richtung österreichische Grenze getrieben. Auf dem kräftezehrenden Weg starben mehrere Tausend Menschen. Im Jahr 2015 wurde der Opfer des Todesmarsches gedacht, der Brünner Stadtrat entschuldigte sich offiziell, und der Oberbürgermeister bezeichnete die Aktion in einer Erklärung erstmals auch öffentlich als Vertreibung. Lange Zeit war der Todesmarsch ein Tabuthema gewesen. Das öffentliche Erinnern galt somit einerseits als wichtiges Zeichen für Toleranz und Versöhnung und zeigte am Beispiel von Brünn andererseits nochmals, dass der Prozess der Aufarbeitung noch längst nicht abgeschlossen ist.

Ein gutes Beispiel für die kritische Auseinandersetzung mit dem Hier und Jetzt und zugleich ein spannendes Element Brünner Gegenwartskultur ist hingegen die Gruppe *4AM* – ein offenes Forum für Architektur und Kunst, das nicht nur Ausstellungen, Filme und Performances präsentiert, sondern sich immer wieder mit Aktionen in die Stadtpolitik von *Brno* einmischt. Die Gruppe hat mittlerweile einen festen Ort in der Stadt und betreibt dort sogar ein Café. Das wäre an sich noch nicht spektakulär, hätte sich *4AM* nicht einen ebenso doppelbödigen wie ironischen Namen einfallen lassen: *Café Praha* nämlich. So steckt zumindest in diesem konkreten Fall also doch ein Stück Prag in Brünn – Böhmen hin, Mähren her.

Ein Theater als Arche: Was heute der Prager *Underground* ist

An einem Spätsommertag vor einigen Jahren bildete sich in der Prager Innenstadt eine lange Schlange. Sie reichte um den ganzen Block herum, die Menschen unterhielten sich leise. Gleichermaßen viele junge wie alte Leute, die mit Büchern in der Hand geduldig in der Sonne warteten. Dann fuhr ein Auto vor, und als sich die Türen öffneten, brandete bereits spontaner Applaus auf. Ich stand einige Meter entfernt und beobachtete die Szene. Es war das erste und einzige Mal, dass ich Václav Havel sah. Gerade war sein Buch *Prosím stručně (Fassen Sie sich bitte kurz)* erschienen, und viele Pragerinnen und Prager hatten lange gewartet, um den Verfasser persönlich zu erleben. Ich schlich mich auch in die Buchhandlung, wo der berühmte Schriftsteller und ebenso berühmte Ex-Präsident geduldig seine Bücher signierte und sie mit dem Symbol versah, das für immer mit ihm verbunden bleiben wird: das Herz, das für die Liebe steht, die am Ende Hass und Lüge besiegt. Es war ein beeindruckendes Erlebnis, ich dachte an diesem

Nachmittag, dass ich so eine Art der zutiefst respektvollen Anerkennung noch nicht kannte: Havel wurde nicht hysterisch gefeiert wie ein Star. Er wurde verehrt wie ein Held. Das machte einen Unterschied. Und das spürte ich auch einige Jahre später: Es war ein kalter Wintersonntag und ich lief durch Prag, als sich die Nachricht vom Tod Václav Havels verbreitete. Innerhalb kürzester Zeit waren die Straßen voller Trauernder, ein Menschenmeer auf dem Wenzelsplatz, überall standen Kerzen und Fotos, es gab spontane Trauerkundgebungen zu Ehren des Mannes, der zum Symbol geworden war für die politischen Umwälzungen des Jahres 1989. Der Mann, der auch dann noch als *Herr Präsident* angesprochen wurde, als er es schon lange nicht mehr war.

Das Leben und Schreiben von Václav Havel steht in engem Zusammenhang mit der Geschichte seines Landes nach dem Zweiten Weltkrieg: In den Sechzigern wurden seine absurden Theaterstücke aufgeführt, Havel war der Wortführer des *Klubs unabhängiger Schriftsteller* und kritisierte konsequent das kommunistische System seines Landes. Eine Zeit lang sah es so aus, als würden die Bemühungen der nicht kommunistischen Intellektuellen Früchte tragen. Alexander Dubček wurde als Generalsekretär der Kommunistischen Partei zu einer Schlüsselfigur des *Prager Frühlings.* Seine Reformprogramme sorgten im Jahr 1968 dafür, dass die Pressezensur aufgehoben wurde und eine gesellschaftliche Liberalisierung stattfand: Ein *Sozialismus mit menschlichem Antlitz* war die Utopie. Doch so sollte es nicht kommen. Im August 1968 marschierten über eine halbe Millionen Soldaten des Warschauer Pakts in die Tschechoslowakei ein, achtundneunzig Tschechen und Slowaken verloren bei der Okkupation ihr Leben. Der Frühling war vorbei, es begannen die finsteren Jahre der sogenannten *Normalisierung,* die nichts anderes bedeutete als die absolute Unterdrückung des Volkes. Doch Havel und seine Mitstreiterinnen und Mitstreiter wehrten sich: Der *Underground* wurde in den Jahren der Besatzung zu einer Parallelgesellschaft, die für die Freiheit kämpfte. Václav Havel war einer der bekanntesten Vertreter jenes *Underground* und einer der Erstunterzeichner der Charta 77, einer oppositionellen Bürgerrechtsbewegung, die sich aufgrund der unerträglichen Repressionen des Regimes gegen die Band *Plastic People of the Universe* gegründet hatte. Insgesamt fünf Jahre seines Lebens verbrachte Havel wegen seines Widerstands gegen das kommunistische System im Gefängnis.

Der Rest der Geschichte ist im wahrsten Sinne des Wortes Geschichte geworden: Václav Havel wurde zur Symbolfigur der Samtenen Revolution und schließlich Präsident, der mit all seinen Eigenarten bis 2003 ein Staatsoberhaupt war, wie es wohl nie wieder in Europa vorkommen wird. Ein schreibender, intellektueller, manchmal zweifelnder, manchmal deprimierter, sehr menschlicher Präsident.

Das alles kann man nachlesen und sich anschauen in Filmdokumentationen, in Büchern, an historisch wichtigen Orten in Prag. Aber was ist geblieben von der Revolution, was ist übrig vom legendären *Underground*? Eine ganze Menge. Nach wie vor treten die Helden von einst bei Lesungen und Konzerten auf; auch die nachfolgenden Generationen an Künstlern, Schriftstellern und Musikern sind teilweise von den Vorbildern aus der Zeit nach 1968 geprägt und beeinflusst. Vor allem der Geist ist es, den man immer noch spüren kann.

Ein Theater in Prag ist für mich in dieser Hinsicht besonders spannend, nicht nur weil es eng mit Václav Havel verbunden ist, sondern auch weil es die kulturelle Gegenwart der Stadt mitprägt: das *Divadlo Archa*.

Das Theater hat sich zwar erst einige Jahre nach der Samtenen Revolution gegründet, seine Ursprünge reichen aber weit zurück. Es liegt am Rande der Innenstadt in der Nähe der Metrostation *Florenc*, man muss auf das Hinweisschild achten und eine Passage betreten, um das Theater zu finden. Dort finden Konzerte statt, Tanzperformances, Theaterprojekte, Lesebühnen; die Aufführungen werden oft auch in englischer Sprache gezeigt. Ein festes Ensemble wiederum gab es nie und gibt es nicht, stattdessen sind internationale Kooperationen eine wichtige Säule des Programms. Das *Archa* ist ein modernes Theater mit viel jungem Publikum – und schlägt dennoch die Brücke in die Vergangenheit. Durchaus *Post-Underground* also. Noch dazu, wo sich die Spielstätten auch im *Underground* befinden: im Untergeschoss des Hauses. Václav Havel feierte nicht nur im *Archa* seinen sechzigsten Geburtstag, er ließ dort 2008 auch sein erstes Theaterstück nach über zwanzig Jahren der Abwesenheit vom Stückeschreiben uraufführen, zugleich sein letztes Drama: *Odcházení. Abgang.*

Ich selbst hatte mit dem Theater auch mal näher zu tun, ich schrieb mit Jaroslav Rudiš zusammen das Libretto zu einem Opernprojekt über die Jahre 68 und 89. Dass die Inszenierung den Text komplett über den Haufen warf und das Stück letztlich als *Tragische Operette* auf die Bühne brachte, passte zur Arbeitsweise des Hauses. Ich war damals zuerst empört über den veränderten Text, und es dauerte Jahre, bis ich den experimentellen Zugang des *Archa* verstand.

Archa-Direktor Ondřej Hrab hat das Theater im Jahr 1994 gegründet, beeinflusst vom *Underground* in der Zeit vor

1989. Eigentlich hatte er mit Bühne überhaupt nichts zu tun, im Gegenteil: Zu Studienzeiten hasste er Theater regelrecht. Zumindest das, was man in Prag zu kommunistischen Zeiten darunter verstand. An zwei Erweckungserlebnisse erinnert sich Hrab noch sehr genau: Als Student reiste er mit einigen Freunden zu einem Festival nach Polen. »Kulturell das Paradies«, sagt Hrab, weil es viel freier zuging als in der Tschechoslowakei. 1976 war es, als er in Wrocław das berühmte *Bread and Puppet Theatre* aus New York mit einer Inszenierung sah. Ein höchst politisches Theater mit Puppen und kritischen Inhalten. Ondřej Hrab war fasziniert, dass *das* auch Theater sein konnte. Kurze Zeit später heiratete seine Schwester einen Niederländer. Deshalb hatte er die Chance, die Tschechoslowakei in Richtung Westen zu verlassen und die Schwester in den Niederlanden zu besuchen. Auf der Straße entdeckte er die Ankündigung für ein Musiktheater – weder den Namen des Stücks noch dessen Macher kannte er: Robert Wilson und Philip Glass, *Einstein On the Beach*. Dieses revolutionäre, mehrstündige Erlebnis änderte auch Hrabs Denken endgültig. Zurück in Prag, stieg er in die Theaterszene des *Underground* ein – und bekam bald schon Gelegenheit, das erste Theaterstück selbst zu organisieren. Vielleicht der Anfang der *Arche*, auch wenn die damals noch keinen festen Platz hatte.

Wiederum in Polen sah Ondřej Hrab nämlich eine Aufführung des amerikanischen *Living Theatre*. Als er dann erfuhr, dass die Schauspielgruppe ein vierundzwanzigstündiges Transitvisum für die Tschechoslowakei hatte, fasste er einen kühnen Plan: Er fragte sie, ob sie nicht spontan mitkommen und in Prag auftreten würde. Ein Veranstaltungsort war schnell gefunden, die Bühne einer Kneipe. Insgesamt wussten zuerst nur fünf Leute darüber Bescheid, wo die New Yorker Theatergruppe spielen würde. Die Angst vor der Polizei war groß. Man sprach an Straßenbahnhaltestellen und Busstationen Gleichgesinnte an und führte sie direkt zur improvisierten Theaterbühne. Die Nachricht vom bevorstehenden Ereignis verbreitete sich zwar diskret, aber kontinuierlich: Sogar aus Brünn und Bratislava, erinnert sich Hrab, kamen Leute, um das Stück zu sehen. Sie ließen einfach alles stehen und liegen und sprangen in den nächsten Zug in Richtung Prag. Vor der Aufführung wurde der Koch der Kneipe gebeten, das Radio auszuschalten und keine Schnitzel mehr in der Küche zu klopfen. Dann spielte die amerikanische Schauspielgruppe. Und zwar ihre Version der *Antigone*. Nach der Aufführung gab es noch eine kurze Diskussionsrunde, für mehr Austausch war einfach keine Zeit. Das *Living Theatre* schaffte es kurz vor Ablauf des Transitvisums über die Grenze. Und die Polizei bekam doch noch Wind von der Sache – zwei Stunden zu spät allerdings. Als die Polizisten den Raum betraten, an dem kurze Zeit vorher noch Theater gespielt worden war, war er leer. Und der Koch, so kann man vermuten, spülte sein letztes Geschirr und zuckte unwissend mit den Schultern. »Das war sozusagen meine erste internationale Arbeit als Kurator«, sagt Ondřej Hrab. Und nur der Auftakt für weitere Theaterabende, bei denen es immer wieder unter abenteuerlichen Umständen gelang, internationale Künstlerinnen und Künstler nach Prag zu holen – alles hinter dem Rücken der Sicherheitsbehörden.

Nach der Samtenen Revolution kam für Hrab dann die Gelegenheit, ein richtiges Theater zu gründen. Im Jahr 1991 befanden sich viele Prager Spielstätten in einer großen Krise. Das Publikum blieb aus. Denn das wirkliche Theater spielte sich draußen auf den Straßen ab. Die Medien waren frei, und das Leben war es auch. Wie sollte man das Publikum wieder davon überzeugen, dass das Nachdenken über die menschliche Existenz auf der Bühne genauso spannend sein konnte wie das Leben außerhalb des Theaters?

An die Übernahme des *Divadlo E. F. Buriana,* welches sich an dem Ort befand, wo heute das *Archa* sitzt, knüpfte Ondřej Hrab eine wesentliche Bedingung: Er wollte das Theater komplett neu gestalten. Und zwar in jederlei Hinsicht. Kein Ensemble mehr, keine festen Strukturen. Und der Umbau der Spielstätte in eine moderne *Black Box,* wo Theater, Tanz, Musik und Mischformen aller Genres möglich wären. Die Eröffnung des *Divadlo Archa* fand 1994 statt mit einer Performance zweier Künstler, die sich noch nie zuvor getroffen hatten: Eine Zusammenarbeit des berühmten japanischen Tänzers Min Tanaka (den Hrab schon vor 1989 für illegale Auftritte nach Prag geholt hatte) und John Cales, Musiker und Gründungsmitglied der amerikanischen Rockband *The Velvet Underground*. In den Jahren darauf kamen Robert Wilson, Philip Glass und Allen Ginsberg, mehrmals spielten die *Einstürzenden Neubauten* aus Berlin vor ausverkauftem Haus. Die Liste der prominenten Gäste ist lang, bis heute ist das *Archa* ein Ort, an dem es ebenso alternativ wie international zugeht.

2002 wurde das Theater im Zuge des Moldauhochwassers – wie so viele Gebäude der Stadt – komplett überflutet und zerstört. Eine bittere Ironie der Ereignisse, dass ausgerechnet auch die *Theaterarche* den Wassermassen zum Opfer fiel. Zweifelsohne war es eine schlimme Katastrophe, aber auch ein produktiver Wendepunkt. Hrab erinnert sich, dass bei den Aufräumarbeiten ein Professor für vergleichende Literatur ebenso Schlamm schaufelte wie

Schauspielerinnen und Schauspieler oder eben das Publikum des *Archa*. »Das zeigte mir wirklich«, erzählt Hrab: »Das *Archa* ist kein Ort, sondern eine Gemeinschaft.«

Als das Theater zwei Jahre später seine Wiedereröffnung feierte, hatte sich als Konsequenz der Ereignisse die inhaltliche Ausrichtung verändert: Soziales Theater wurde immer wichtiger. Die Bühne sollte ein Ort sein, auf der die aktuellen Probleme der Gesellschaft verhandelt und sichtbar gemacht werden. Und so greift das *Archa* seit vielen Jahren Themen auf, die in der tschechischen Gesellschaft lange weitgehend tabuisiert waren. Manche Aufführungen finden in Flüchtlingscamps statt, von denen kaum jemand weiß, dass sie überhaupt existieren – geschweige denn, dass dort manche Menschen schon seit Jahren ohne Perspektive leben müssen. Den Geschichten dieser Menschen wortwörtlich eine Bühne zu geben, sie zu den Akteuren zu machen, das ist das Ziel. »Es kann ein Friseur aus Kurdistan sein«, sagt Hrab, »oder ein Akkordeonspieler aus Georgien, der fliehen musste, weil er armenische Wurzeln hat. Das alles ist genauso wichtig wie die Aufführung eines Stücks von Robert Wilson.«

Man spürt bei alledem, warum Václav Havel dieses Theater so gemocht hat. Warum die Uraufführung seines letzten Stücks eben im Untergeschoss des *Archa* am besten aufgehoben war.

Natürlich hat das *Archa* immer wieder Existenzprobleme. Es ist nicht leicht, die Mittel für die steigenden Mieten und Produktionskosten aufzubringen. Aber letztlich ist die Idee das Entscheidende: »Ich bin nicht auf diesen Ort festgelegt«, sagt Ondrej Hrab. Es geht ihm um den Geist. Und der kann im *Underground* des *Archa* ebenso existieren wie auf der Straße oder im Hinterzimmer einer Kneipe.

Karlín und die Flut:
Ungeprüfter Touristenführer III

Mein Freund Rafael, der gerade nach Prag gezogen ist und sich noch nicht auskennt, erzählte mir neulich, er sei bis ans Ende der Stadt gelaufen. Dahin, wo die Autobahn ebenso wie die Zugbrücke über die Straße führt. In der Tat war er hier, wo wir uns gerade befinden – und wenn es offenbar auch den Anschein erwecken mag: Wir sind hier nicht am Ende, wir sind noch nicht mal an der Peripherie, eigentlich sind wir mitten in der Stadt.

Dennoch lag Rafael nicht ganz falsch: Dieses Karlín ist so zurückhaltend, dass es an manchen Stellen nach Peripherie aussieht. Industriehallen, meist schon lange nicht mehr in Betrieb, kleine Wohnhäuser, Läden, deren Auslage sich in den letzten Jahren nicht verändert hat. Schauen Sie sich doch zu Anfang mal diese beiden Fotos hier an. Was sehen Sie? Ich weiß, nicht viel. Es sind die ersten beiden Fotos überhaupt, die ich in Prag gemacht habe. Und es wird Sie wenig erstaunen, dass weder die Prager Burg zu sehen ist noch die Karlsbrücke. Stattdessen habe ich die *Křižíkova* fotografiert, eine Straße in all ihrer urbanen Alltäglichkeit: Über das Eisenbahnviadukt fährt gerade ein alter Regionalzug, vorne steht eine besprayte Telefonzelle, die mittlerweile verschwunden ist, auf einem Plakat am Laternenpfahl wird für eine neue Bierbar geworben und auf dem anderen Reklameschild für einen Sexshop mit Videokabinen.

Ich konnte damals gar nicht genug bekommen von Karlín, ich zog sogar für einen ganzen Monat hierher. Karlín, ein alter Arbeiterstadtteil wie Žižkov, war für mich immer das Synonym für das normale Prager Leben. Besonders ist, dass nichts besonders ist. Und damit will ich den weitläufigen Straßen und wunderschönen Plätzen und Häusern überhaupt nicht unrecht tun, das Unspektakuläre macht es ja hier so reizvoll. An direkten Sehenswürdigkeiten wird Ihnen in Karlín nicht viel ins Auge springen, höchstens das Karlíner Musiktheater, höchstens die Kirche St. Cyrill und Method, *Kostel Cyrila a Metoděje,* die man schon vom Fernzug aus vor der Ankunft am Prager Hauptbahnhof sehen kann. Für mich brauchte es Sehenswürdigkeiten aber auch nicht, auf eigenartige Weise hatte ich das Gefühl, dass diesem Karlín nichts fehlt, dass es sich einfach selbst genügt.

Wenn Sie sich einen Nachmittag Zeit nehmen zum Flanieren, über die belebte *Sokolovská*, wo die Straßenbahnen weiter weg vom Zentrum nach Libeň oder zurück in die Innenstadt fahren, Zeit zum Schlendern durch die Seitenstraßen, dann werden Sie vielleicht ein Gefühl für das bekommen, was ich meine.

Obwohl sich das Bild von Karlín im Vergleich zu meinem ersten Besuch schon nach und nach verändert hat: Viele Businesszentren sind in die Höhe geschossen, Büro- und Geschäftshäuser wurden gebaut, alte Fabrikgebäude saniert und zu Künstlerateliers und Galerien umfunktioniert. Nach und nach haben immer mehr Hotels eröffnet, der Standort ist nicht zuletzt deshalb auch aus touristischer Perspektive interessant, weil das Zentrum fußläufig in rund zwanzig Minuten zu erreichen ist. Die meisten Brachflächen sind verschwunden, dafür gibt es lauter neue und sogar hippe Lokale.

Vor Jahren rieten mir einige Prager noch von Karlín ab. Nachts sei es dort grenzwertig, auch, weil so wenig los sei, und so weiter. Diese, ich nenne sie mal, Warnung vor der gähnenden Leere hatte nicht nur mit dem alten Image des Arbeiterviertels zu tun. Karlín musste schwere und bewegte Zeiten durchmachen, in denen kein Mensch wusste, ob das Leben überhaupt jemals wieder richtig zurückkehren würde. Es ist ein kleines Wunder, wie sich das Viertel gemacht hat – denn so lange ist es noch gar nicht her, dass Karlín in Schlamm und Schutt versank: Im August 2002 trat die Moldau über die Ufer, es kam zu einer verheerenden Flutkatastrophe. In Prag lief die Metro voll und musste ihren Betrieb für Monate einstellen, das öffentliche Leben kam zum Erliegen. Doch die heftigsten Schäden hinterließ das Wasser in Karlín: Der Pegel reichte bis in den zweiten Stock der Häuser hinauf, das Viertel wurde evakuiert – und wer seine Wohnung nicht freiwillig verlassen wollte, den nahmen die Rettungsbootbesatzungen einfach mit. Häuser stürzten ein, die Wassermassen vernichteten, was sich ihnen in den Weg stellte, und als sie sich langsam zurückzogen, hinterließen sie eine fast einen Meter hohe Schlammschicht in den Straßen von Karlín.

Die ganze Stadt war damals im Ausnahmezustand, doch bedingt durch seine tiefe Lage hatte es Karlín am Schlimmsten getroffen. Mittlerweile gehört das Viertel zu den aufstrebenden Teilen Prags; es ist in den Jahren nach der Katastrophe gelungen, den Zustand vor der Flut nicht nur wiederherzustellen, sondern den Stadtteil von Grund auf zu erneuern. Manchem fehlt es bei all der alltäglichen Geschäftigkeit heute, das einstige Flair der Arbeitervorstadt – aber Sie werden bei einem Spaziergang merken, dass dieses Karlín immer noch eine Atmosphäre hat, die sich deutlich vom Zentrum unterscheidet: ein wenig Peripherie, aber eben nicht das Ende der Welt. Der *Lyčkovo náměstí* mit seiner Schule und den prachtvollen Gebäuden drumherum ist nach wie vor einer meiner Lieblingsplätze in ganz Prag, und bis heute mag ich es, den Vorortzügen zuzuschauen, die auf dem Karlíner Viadukt schon ihr Tempo verlangsamt haben und gleich in den *Masarykovo nádraží* einfahren werden.

Eine besondere Attraktion habe ich mir dann doch für den Schluss aufgehoben, um die sich erstaunlich viele Mythen und Geschichten ranken: Der allseits bekannte Fußgängertunnel. Er verbindet auf einer Strecke von über 300 Metern die zwei bekanntesten Arbeiterviertel im Umbruch: Man unterquert den *Vítkov*-Hügel und erreicht auf der anderen Seite Žižkov. Der Tunnel ist in den Fünfzigern gebaut worden und war ursprünglich auch als Atomschutzbunker konzipiert. Mehrere Filme sind hier gedreht worden, und er gehört, besonders abends und nachts, schon zu den bizarren und in der Tat etwas unheimlichen Orten. Doch das sollte Sie nicht davon abhalten, ihn zu benutzen: Ein Freund erklärte mir kürzlich, ihm sei nur ein einziges Mal ein Schrecken in die Glieder gefahren bei der nächtlichen Tunneldurchquerung. Weil er die Polizeipatrouille hinter sich nicht bemerkt hatte.

Gehen wir auf ein Bier:
Eine legendäre Lebenslüge

Natürlich ist sie ein Mythos. Natürlich ist jene Tschechische Republik ohne sie nicht denkbar. Natürlich wird viel *über* sie geredet, noch mehr, als *in* ihr geredet wird: die tschechische Kneipe. Ich habe mit einigen Schriftstellern über die Kneipe an sich gesprochen. Und fast alle waren darum bemüht, den Mythos zu relativieren: Früher ganz sicher, da traf man sich in der Kneipe, da geschahen da die Wunder, fand man dort die Geschichten, die das Leben schreibt, und zwar vor allem dort. Aber heute? Ist es nichts mehr, geht man doch überhaupt kaum noch hin, hat das alles seinen Zauber verloren. Vergangen, aus, vorbei. Das Spannende an meinen Gesprächen mit den tschechischen Schriftstellern war nur, dass sie am Ende restlos alle dann doch noch ihre Relativierung relativierten: Schon, so drei Mal die Woche ist man noch dort, mindestens, und ja, vergessen wir die Sentimentalitäten und Erinnerungen an die guten alten Zeiten, immerhin, das Glas ist noch halb voll. Und ja, gaben sie kollektiv zu, die Wunder, die gibt es auch immer noch, man trinkt und man quatscht, und man trifft letztlich doch jemanden, mit dem sich alles bereden, alles durchleiden, alles veralbern, mit dem man alle Kühe fliegen lässt, und irgendwann zählt man die Biere nicht mehr, und irgendwann vergisst man Raum und Zeit, und irgendwann ist es dann doch wieder vier Uhr morgens, und man tauscht torkelnd die späten Kneipengesänge ein gegen das frühe Singen der ersten Vögel.

Mir gefällt ja im Grunde, dass die Tschechinnen und Tschechen an sich eine gewisse Bescheidenheit pflegen im Blick auf ihre Kneipenkultur, dass sie gar nicht erst versuchen, die Legende noch größer zu machen, als sie sowieso schon ist. Mythos bleibt eben Mythos, und der existiert nach wie vor ziemlich lebendig. Die tschechische Kneipe, sagen viele meiner Bekannten, ist wie ein Wohnzimmer. Hier trifft man sich, um über die Arbeit zu quatschen, auch nachmittags beispielsweise, hier verabredet man sich abends, hier steht man zur Not auch die Nacht durch. Die tschechische Kneipe, sagt ein Freund von mir, ist so etwas wie unsere Kirche, wir sind nun mal ein atheistisches Land.

Die tschechische Kneipe ist aber auch, und das muss ich an dieser Stelle einfach erwähnen, ein Ort der Unwahrheit. Ganz ehrlich. Denn so sehr ich die Tschechinnen und Tschechen ja mag, sie lügen sich permanent selbst in die Tasche. Und ziehen dabei all die arglosen und leichtgläubigen Gäste fröhlich mit ins Unglück. Denn es gibt da diese eine Sache, die vielleicht größte Lebenslüge der Nation: Verabredet man sich für die Kneipe, dann tut man das grundsätzlich auf *ein* Getränk. »Gehen wir auf ein Bier?« – »Na klar!« Die Steigerungsstufe erlebte ich vor nicht allzu langer Zeit in einer Kneipe in Ostrava – dort hieß es zu Beginn des Abends sogar: »Gehen wir auf ein kleines Bier!«

Und ja, tatsächlich gingen wir auf ein kleines Bier, das wurde allerdings umrahmt von allerlei großen Bieren und ganz kleinen und ganz klaren Getränken. Ich lernte an diesem Abend wieder mal überraschend neue Leute kennen, die ihre unglücklichen Liebesgeschichten erzählten und zugleich immer wieder glücklich auf die neu gewonnene Bekanntschaft anstießen. Später kam der Kneipier selbst an den Tisch und erzählte von seinen Plänen, bald schon im Keller Lesungen und Konzerte und Theaterabende zu veranstalten, ich fand heraus, dass der Schnaps ganz praktisch »Verstärker« genannt wird, und recht bald kam dann dieser magische Moment, an dem man vergisst, dass es da noch einen nächsten Tag gibt mit allerlei Plänen und Verpflichtungen, ja, dass es überhaupt noch etwas anderes auf der Welt gibt als diese Kneipe und die Menschen am Tisch. Selten bin ich, und damit befeuere ich natürlich den Mythos nur noch mehr, so fertig und so glücklich ins Bett gefallen.

Es gehört ja fast schon zum guten Ton, dass die Tschechische Republik sich Jahr für Jahr mit weitem Abstand vor Deutschland den Titel des Weltmeisters im Biertrinken sichert – die genauen Mengen variieren zwar, aber die Zahl aus dem Jahr 2014 scheint recht belastbar zu sein, um einen Rahmen vorzugeben: Der Pro-Kopf-Konsum in Tschechien lag bei sagenhaften 144 Litern. In Deutschland waren es im selben Zeitraum 107 Liter. Zieht man nun also die Bürgerinnen und Bürger ab, die nicht trinken können, wollen oder dürfen, dann bekommt man eine Ahnung davon, wie wichtig die Institution der Kneipe für Tschechien nach wie vor ist. Ich habe es nämlich selten erlebt, dass man in der Wohnung trinkt und feiert. Bier aus der Flasche oder schlimmstenfalls gar aus der Dose ist eben einfach keine Alternative zum gezapften Kneipenbier.

Woher aber kommt der Mythos, und warum gibt es ihn, allen Dementis zum Trotz, nach wie vor? Es liegt sicher auch an der Geschichte. Weil die Kneipe immer eine Art Fluchtpunkt war, am Kneipentisch konnte man offen reden – offener jedenfalls als irgendwo sonst. Wann immer der Tscheche in Schwierigkeiten war, ist er in die Kneipe geflohen. Das war schon im 19. Jahrhundert so. Der Kaiser und die deutsche Sprache waren damals das Maß aller Dinge. Beim Bier in der Kneipe aber konnte Tschechisch gesprochen werden. Viel später dann, zur Zeit des Kommunismus, kam man nur im stickigen Zigarettenqualm der Kneipe überhaupt zu Atem. Der Schankraum war der Ort für die Menschen, die an den Rand der Gesellschaft gedrängt worden waren. Dem Regime unliebsame Künstlerinnen und Künstler, Schriftsteller mit Publikationsverbot, Intellektuelle, die gezwungen waren, tagsüber harte Arbeiten zu verrichten: Sie fanden in der Kneipe einen gewissen Rückzugsort. Ein Prager Universitätsprofessor erklärte mir, dass es beim Bier eine gewisse Freiheit gab, ironisch gesagt, »die Freiheit der Ratten in der Kanalisation«.

Jener Professor war es auch, der mich in die Geheimnisse der Kneipenklassen zur Zeit des Sozialismus einführte. Die erste Klasse kam nicht häufig vor und war dem normalen Staatsbürger kaum zugänglich. Sehr noble, sehr teure und sehr bespitzelte Lokale gehörten zur ersten Klasse, dort wurde sowjetischer Besuch bewirtet, dort fanden die Festessen zum erfolgreichen Universitätsabschluss statt – und selbstverständlich wurde gespitzelt, ganze Tische wurden teilweise permanent abgehört. Die zweite Klasse hatte eher den Charakter eines gepflegten Restaurants, das man ab und zu besuchte. Und sogar einigermaßen trinkbarer Wein wurde dort noch ausgeschenkt. Die dritte Klasse gab es sehr häufig, sie kommt der traditionellen Kneipe sehr nah, die man noch heute überall findet: Es gab eine handfeste Küche mit altböhmischen Gerichten wie Schweinebraten mit Knödeln und Sauerkraut – und die berühmt-berüchtigte Rauchwolke hielt sich dort noch in Grenzen. In der vierten Kneipenklasse wurde es mit den kulinarischen Genüssen schon schwieriger, hier diente das Essen in der Tat nur noch dem Zweck, eine gesunde Basis für mehr Bier zu legen. *Utopenec* (eingelegte Wurst) bekam man dort und *Hermelín* (marinierten Käse), ansonsten ging es in erster Linie ums Trinken. Und die fünfte Klasse? Darüber sollte man besser schweigen. Nur so viel: Meiner Beobachtung nach gibt es sie auch heute noch. Die spelunkigsten Spelunken schlechthin. Und trotzdem würde ich mich zu der steilen These aufschwingen, dass selbst dort das Bier noch mit Würde und tschechischem Stil getrunken werden kann – vorausgesetzt, man erscheint nicht erst nach Mitternacht und kurz vor Schankschluss.

Es kommt nicht von ungefähr, dass die Kneipe in Tschechien ein geradezu literarischer Topos geworden ist. So viele Schriftsteller haben dort den Stoff gefunden, aus dem ihre Bücher sind. So viele Szenen der tschechischen Literatur spielen in der Kneipe, so viele Kurzgeschichten bedienen sich der dort abgelauschten und im Rausch veredelten Dialoge. Kein Wunder, dass einer der bis heute geliebtesten und verehrtesten Staatsbürger keinen Hehl aus seiner Leidenschaft zum Bier machte: In der beeindruckenden Dokumentation über Václav Havel wird das an entscheidenden Stellen deutlich. Sogar bei politischen Verhandlungen sieht man, dass das Bierglas immer in Griffweite Havels steht. Und in einer Szene wird der Präsident von einem Bürger angesprochen, auf dem belebten Wenzelsplatz: Er fragt Václav Havel, ob sie nicht zusammen ein kleines Bier trinken gehen könnten. Havel lehnt lächelnd ab, er habe leider keine Zeit – aber sein Bedauern, das sieht man, ist tatsächlich echt.

Die Idee der Kneipe als Refugium, so romantisch sie sich auch anhören mag, existiert zumindest im Kern bis heute. Vielleicht nicht mehr in dem Ausmaß – da sind wir in der Tat im Bereich der Verklärung –, dass sämtliche Schichten der Gesellschaft in der Kneipe ins Gespräch kommen. Aber es gibt sie noch, sogar in Prag, die Kneipen, an denen tatsächlich alle Gäste an langen Tischen sitzen und geradezu zwangsläufig miteinander sprechen – oder einander zumindest sehr nah sind. Der Straßenbahnfahrer in seiner Uniformjacke, der still und schweigend seine zwei oder drei Biere trinkt, feinere Herren im Anzug (kommen sie von der Arbeit oder von einer Beerdigung?), die sich erst leise unterhalten, bei denen sich im Laufe des Abends aber erst die Krawatten und schließlich auch die Zungen lösen, ein älteres und verarmtes Paar, das sich lauthals beschimpft und schließlich herzzerreißende Liebeserklärungen macht, die Gruppe junger Leute, die irgendwann einfach anfängt zu singen, und zwar laut und mit viel Leidenschaft, der obligatorische Alleintrinker in der Ecke, der stundenlang murmelt und lächelt und murmelt und lächelt, und das alles auf engstem Raum. Solche Abende habe ich erlebt und erlebe sie bis heute. Natürlich nicht immer, das wäre ja auch wieder langweilig, aber doch in regelmäßigen Abständen.

Was übrigens in fast allen Kneipen – bis auf die nobleren Orte, die für uns hier keine besondere Rolle spielen – galt und was ich auch aus heutiger Perspektive bestätigen kann: Wein sollte nicht unbedingt die erste Wahl sein. Außerdem ist es wirklich verschenktes Potenzial, in der tschechischen Kneipe kein Bier zu trinken. Und sollte man tatsächlich waghalsig genug sein, mit dem Auto zum Kneipenbesuch anzureisen: Sogar das alkoholfreie Bier ist ausgesprochen genießbar. Womit wir bei den praktischen Hinweisen landen. Eine wirkliche Gebrauchsanweisung für die tschechische Kneipe lässt sich vermutlich nicht schreiben, das wäre auch schade, sind es doch die Unwägbarkeiten und Überraschungen, die den Kneipenbesuch überhaupt erst interessant machen. Schon die Wahl des Ortes ist sehr individuell: Auch in den eher touristischen Kneipen im Zentrum kann man mit Glück sehr authentische Abende verbringen, man kann es aber auch einfach darauf anlegen und sich gerade die schmuckloseste Kneipe am Ende einer etwas zwielichtigen Straße aussuchen; allein in Prag ist die Auswahl der Kneipen so groß und so umfangreich, dass es wohl Jahre dauern würde, wollte man wirklich das Bier in jeder einzelnen Kneipe probieren.

Aber egal, welchen Ort man letztlich auswählt, am Kneipentisch angekommen müssen handfeste Entscheidungen getroffen werden. Will man den Vorgang abkürzen, dann genügt es natürlich, einfach ein Bier zu bestellen. Es kommt als halber Liter und man nimmt es, wie es ist. Keine weiteren Fragen.

Steigt man aber etwas tiefer in die Materie ein, dann merkt man gleich, dass es sich beim tschechischen Bier um eine sehr komplexe Materie handelt, die man mit fast schon wissenschaftlichem Anspruch durchleuchten kann. Erster Punkt: Wo kommt das Bier her? Idealerweise aus dem Tank. Das in Tschechien im Gegensatz zu Deutschland sehr verbreitete *tankové pivo* wird direkt bei der Lieferung in kneipeneigene Tanks gepumpt. Es muss keine Kohlensäure künstlich zugesetzt werden, das Bier kommt sozusagen direkt, ohne weiteren Zwischenschritt, von der Brauerei ins Glas. Die Methode soll zwar teurer sein, als wenn das Bier vom Fass oder gar aus der Flasche ausgeschenkt wird, hat man es aber mal probiert, dann schmeckt man den Unterschied in der Tat. Auch die Gläser, in aller Regel Halbliterkrüge, erfahren zumeist eine besondere Behandlung, denn was nutzt der beste Gerstensaft, wenn er lieblos ausgeschenkt wird? Die Krüge werden idealerweise gewaschen, danach mit kaltem Wasser ausgespült und in einem Zusatzbecken mit Wasser gekühlt.

Zweite Frage: Welche Art von Bier? Zuerst ist da natürlich die Entscheidung zwischen den über hundert Brauereien, die in der Tschechischen Republik produzieren – zwar werden in den Kneipen meist die dominierenden Marken wie *Pilsener, Budvar* oder *Staropramen* ausgeschenkt, allerdings gönnen sich mehr und mehr Lokale als Zusatzangebot auch die Kreationen kleiner Brauereien aus der näheren oder weiteren Umgebung. Darüber hinaus stößt man unweigerlich auf eine Frage, die in der deutschen Kneipe eher wenig geläufig ist: *Desítka* oder *Dvanáctka,* also zehngradiges oder zwölfgradiges Bier? Der Unterschied hängt mit dem Gärungsgrad zusammen. Ein zehngradiges Bier ist milder, das zwölfgradige herber und mit etwas mehr Alkohol. Klar, auch zwischen dunklem und hellem Bier muss entschieden werden, und damit ist der Entscheidungsfindungsprozess noch immer nicht beendet: Steigt man ganz tief ein in die Philosophie des tschechischen Kneipenbiers, dann muss nun noch die Zapfart genauer definiert werden. Denn auch hier gibt es einige Varianten – nicht ohne Grund bietet beispielsweise die *Pilsener Brauerei* einen Bierzapfkurs für Interessierte an: *Hladinka* ist der tschechische Klassiker, mit einer nicht überbordenden Schaumkrone und wenig

Kohlensäure, dafür aber fast cremig im Geschmack. Das *čochtan* hingegen wird komplett ohne Schaum gezapft – wem das zu prickelnd ist, der kann auf das absolute Gegenprogramm ausweichen und sich sein Bier als *mlíko* servieren lassen. In dieser Variante besteht es ausschließlich aus Bierschaum und muss entsprechend schnell getrunken werden. Ein *šnyt* wiederum besteht nur zu einem Drittel aus Bier, der Rest ist Schaum.

Letztlich, und das ist das Schöne, muss man natürlich die philosophischen Details nicht kennen, um in Prag oder anderswo ein richtig gutes Bier zu bekommen – aber ich bin mir sicher, dass das Fachwissen, zur richtigen Zeit angebracht, den durchaus gern mal grantigen Kellnerinnen und Kellnern wenigstens ein zartes Lächeln auf die Lippen zaubern kann. Denn das Bier gehört unbedingt zum Mythos der tschechischen Kneipe. Die Liebe der Tschechen zu ihrem Nationalgetränk geht gar so weit, dass es in einem Dorf mittlerweile einen 24-Stunden-Automaten gibt, an dem sich nach dem Einwurf weniger Kronen ein halber Liter Bier zum Mitnehmen zapfen lässt.

In der Regel aber gehört das Bier an den Kneipentisch. Und an den Kneipentisch gehören möglichst viele Menschen, wobei es letztlich egal ist, ob sie Limonade trinken oder Schnaps oder Wasser oder mehrere kleine Biere. Einer der tschechischen Schriftsteller, die ich zur Kneipe befragte, brachte es mit einem Bild aus der Computersprache auf den Punkt: »Die Getränke sind die Hardware, aber noch wichtiger ist die Software, und das sind die Leute, die man in der Kneipe trifft.«

Český humor: Das ist doch alles ein Witz

Neulich saß ich mit Václav zusammen, der die Spätphase des *Underground* noch miterlebt hat. Jener Bewegung also, die vor 1989 hinter dem Rücken des kommunistischen Regimes eine Gegenkultur bildete. Dieser Václav, der übrigens früher in der Kläranlage arbeitete und sich als Totengräber verdingte, bevor er irgendwann Bücher schrieb, definierte die Philosophie des tschechischen Humors – denn der Humor ist nicht irgendeine Eigenschaft, sondern absolut notwendig: »Als wir noch im Zustand einer Bananenrepublik gelebt haben, hatten wir die Wahl, uns entweder zu beweinen oder über uns zu lachen. Und wir haben uns für die bessere Alternative entschieden: über uns zu lachen.«

Diese bessere Alternative zeigt sich in allen Lebensbereichen: Im alltäglichen Gespräch, bei der Arbeit, in der Literatur und in der Kunst. Sein Volk und sein Land im wahrsten Sinne des Wortes nicht so bierernst zu nehmen, auch noch der schlimmstmöglichen Wendung zumindest ein gequältes Lächeln abzugewinnen, indem man sich darüber lustig macht. Ist das denn wirklich alles ein Witz? In der Tschechischen Republik vielleicht, zumindest auf den ersten Blick.

Außer es geht um Nationalhelden, besser gesagt, um *den* Nationalhelden schlechthin. Ja, über Jára Cimrman macht sich kein Tscheche so einfach lustig. Dafür ist die Angelegenheit auch viel zu ernst. Denn der Mann war schließlich nicht irgendwer. Cimrman vereinte all die Eigenschaften eines Genies, das dazu berufen ist, große Geschichte zu schreiben. Erfinderisch wie künstlerisch begabt, geistreich, sportlich, philosophisch gleichermaßen interessiert wie talentiert. Geboren wurde das Universalgenie irgendwann zwischen 1869 und 1874. Seine Mutter war Österreicherin, sein Vater Tscheche – kurz vor Ausbruch des Ersten Weltkriegs wurde Cimrman das letzte Mal gesehen und gilt seither als verschollen. Es ist kaum zu fassen, welche Leistungen Jára Cimrman im Laufe seines gar nicht so langen Lebens vollbracht hat. Vor allem, wenn man bedenkt, wie wenig Würdigung seine Einfälle lange Zeit erfuhren. Denn wenn man die Geschichte des größten Genies der Tschechen erzählt, dann muss man auch über das bittere Scheitern einer Existenz reden, die wahrscheinlich einfach zu klug war für die Welt. Cimrman erfand zum Beispiel die Glühbirne und das Dynamit – kam aber in beiden Fällen zu spät zum Patentamt, um sich als Urheber der Erfindungen eintragen zu lassen. Mit Ferdinand Graf von Zeppelin konstruierte er das erste Luftschiff, und sogar an der Entwicklung der Statik des Pariser Eiffelturms war er maßgeblich beteiligt – nur war es eben nie sein Name, der im Zusammenhang mit den erfinderischen Großleistungen genannt wurde. Und nicht nur die tschechische Improvisationsfähigkeit im Handwerklichen gehörte zu seinen

Begabungen, ebenso beeinflusste er Komponisten und Schriftsteller in maßgeblicher Weise. Auch kaum außerhalb Tschechiens bekannt ist, dass Cimrman schon lange vor der Erfindung des Computers das Kürzel *www* erdachte und somit als ganz früher Pionier des Internets zu gelten hat.

Wenn er auch den Weltruhm immer wieder knapp verpasst hat und als ewig scheiternder Nationalheld in die Geschichtsbücher eingehen sollte – das tschechische Volk verehrt Jára Cimrman bis heute. Er hatte ein eigenes Museum ganz oben auf dem Petřín (das leider mittlerweile spurlos verschwunden ist), und in Žižkov ist ein ganzes Theater nach ihm benannt, in dessen Stücken Cimrmans Leben und Schaffen gewürdigt wird. Kein Wunder, dass die Vorstellungen oft lange im Voraus ausverkauft sind. Die Dankbarkeit für Cimrmans Leistungen reicht gar so weit, dass das Genie in einer Fernsehumfrage zum »Größten Tschechen« lange Zeit an der Spitze stand. Doch sogar in diesem Fall wurde er um seinen Sieg gebracht, auch posthum blieb Cimrman der Triumph verwehrt, denn er wurde kurzerhand disqualifiziert. Was zu Protesten in weiten Teilen der tschechischen Bevölkerung führte, wie gesagt, Jára Cimrman ist eine ziemlich ernste Angelegenheit. Allerdings muss man auch verstehen, warum die besorgten Organisatoren sich im Wettbewerb um den »Größten Tschechen« für einen Ausschluss Cimrmans entschieden: Im Gegensatz zu seinen Konkurrenten wie Jan Hus oder Václav Havel hat Jára Cimrman niemals gelebt. Der größte tschechische Erfinder aller Zeiten ist eine der größten tschechischen Erfindungen aller Zeiten. Ein ganzes Volk verehrt also eine Fiktion. Straßen in Tschechien werden nach ihm benannt, in Buchhandlungen kann man ganze Cimrman-Fansets kaufen, in denen liebevoll einige Nachbildungen der Fundstücke aus seinem wilden und bewegten Erfinderleben stecken.

Die erfolglose Erfolgsgeschichte des Universalgenies Cimrman führt mitten ins Herz des tschechischen Humors, den ich für ziemlich einmalig halte. Besonders, wenn man die Entstehungsgeschichte des Cimrman-Mythos betrachtet: Er tauchte erstmals in einer Radiosendung im Jahr 1966 auf – erdacht haben sich die Figur die Schauspieler und Regisseure Ladislav Smoljak und Zdeněk Svěrák. Letzterer wurde übrigens gemeinsam mit seinem Sohn Jan 1997 für den Film *Kolja* mit dem Oscar für den besten fremdsprachigen Film ausgezeichnet.

Jára Cimrman wurde zur Zeit der Okkupation zu einer bekannten und wichtigen Figur, so fiktiv er auch sein mochte: Das Dozieren in den Theaterstücken über die Erfindungen Cimrmans parodierte oft auf subtile Weise die Ideologie der Regierenden, gerade unterschwellig genug, um der Zensur nicht zum Opfer zu fallen. Jene Konstruktion dieses Helden namens Cimrman also, der ewig Scheiternde, der offenkundig ziemlich kluge Geist und noch offenkundiger dabei vollkommen erfolglos, ist das beste Beispiel für den tschechischen Humor. Tief verwurzelt ist er und einfach nicht wegzudenken aus dem Land.

So führt der *český humor* in der Tat zu einer gewissen *česká Gelassenheit*, die ziemlich umfassend ist. Für mich ist das ein Genuss, besonders in trennscharfer Abgrenzung zur deutschen Ernsthaftigkeit. Manchen meiner tschechischen Freunde geht er aber mitunter auf die Nerven – wenn nämlich aus allem ein Spaß und eine Anekdote wird. Dem stimmte der Politologe Jiří Pehe in einem Interview mit Radio Prag anlässlich des Todes des Cimrman-Miterfinders Ladislav Smoljak im Jahr 2010 zu. Ihm selbst sei der tschechische Humor natürlich nicht fremd, aber dennoch: »Ich sehe dahinter eine gewisse Schwäche, einen Mangel an Mut, den Dingen direkt ins Gesicht zu sehen. Die Tschechen haben eine riesige Angst vor Pathos, sie zeigen nicht gerne offen ihre Gefühle. Cimrman ist eine gute Maske, hinter seinem intelligenten Spott kann man sich gut verstecken.«

In der Sache wage ich als Nicht-Politologe und Nicht-Tscheche natürlich nicht zu widersprechen, für mich persönlich aber stehen die Dinge anders: Ich habe mich mit den Jahren so an die tschechische Süffisanz und Ironie gewöhnt, dass ich sie nicht mehr missen möchte. Der tschechische Humor ist oft absurd und kann sehr albern und ausufernd sein, dann wiederum trocken und pointiert. Der tschechische Humor scheut in der Tat kaum ein Thema und kaum eine Person, geht aber selten über die Grenzen des Zynischen. Der tschechische Humor sucht sich, Beispiel Jára Cimrman, eine Wirklichkeit hinter der Wirklichkeit – vielleicht eben einfach, um das Leben ein bisschen erträglicher zu machen. In nahezu jeder Lebenslage zeigen die Tschechinnen und Tschechen viel Fantasie im Umgang mit ihrem Humorrepertoire – manchmal auch ungewollt und bis zur Groteske. Die tschechische Politik ist dafür ein Paradebeispiel. Vor einigen Jahren machte Pavel Bém, damals Oberbürgermeister von Prag, mit einer möglicherweise gar nicht so gedachten Humorintervention von sich reden, die ihm sogar die Aufmerksamkeit der internationalen Presse einbrachte. Der umstrittene konservative Politiker wollte herausfinden, ob im Taxibetrieb der Hauptstadt tatsächlich so viel betrogen wird. Also verkleidete er sich mit falschem Bart als italienischer Tourist und ließ sich unter anderem auf die Prager Burg chauffieren. Der Taxifahrer machte einige Umwege und stellte ihm letztlich das Sechsfache der üblichen Summe in Rechnung. Zumindest jener Fahrer konnte über die ihm anschließend blühende Strafe nicht lachen. Die Bilder des verkleideten Bém mit zurückgegeltem Haar, Sonnenbrille und falschem Schnauzer sorgen allerdings bis heute für Heiterkeit. Später machte der Prager Oberbürgermeister übrigens erneut den Taxitest, um zu schauen, ob sich nach seinem öffentlichkeitswirksamen Undercover-Einsatz etwas geändert hatte – diesmal kostümiert als ausländischer Rockstar. *Český humor*, ob man will oder nicht.

Während eine Figur wie Jára Cimrman schon einige Jahrzehnte auf dem Buckel hat, schlagen sich gewisse Humormuster natürlich auch in der jüngeren Generation nieder – glücklicherweise. Die Künstlergruppe *Stohoven* schaffte es schon verschiedentlich, mit radikalen Aktionen auf sich aufmerksam zu machen. Große Ratlosigkeit herrschte auf der Prager Burg, dem Amtssitz des Präsidenten, im Herbst 2015, als es der Gruppe gelungen war, unbemerkt die präsidiale Fahne einzuholen – und durch eine überdimensionale rote Unterhose zu ersetzen. Geklappt hat die Aktion, weil sich die Beteiligten des Künstlerkollektivs als Schornsteinfeger verkleidet hatten und eine Lücke im Sicherheitszaun für sich nutzten. So wehte kurzzeitig also Unterwäsche anstelle der Standarte über dem Amtssitz des Staatsoberhaupts. Aus Protest gegen die Politik des Präsidenten Miloš Zeman, der immer wieder durch polarisierende Verbalentgleisungen auf sich aufmerksam machte. Und sich, so das Unterhosenargument der Künstlergruppe, »für gar nichts mehr schämt«. Die offiziellen Reaktionen auf die Kunstaktion veranschaulichen wunderbar, wie unterschiedlich mit dieser Art des tschechischen Humors umgegangen wird: Während der

Sprecher des Präsidenten zu Protokoll gab, dass es sich um die schlimmste Verunglimpfung seit dem Hissen der Hakenkreuzfahne im Jahr 1939 handelte, nahm es der tschechische Premierminister eher leicht: Ein Land, das einen Jára Cimrman erfunden habe, würde auch eine riesige Unterhose verkraften.

Und dann war da noch jene Dokumentation, die für viel Aufsehen sorgte und die für mich bis heute das Sinnbild ist für die manchmal bis zur Schmerzgrenze getriebene Selbstironie: Vít Klusák und Filip Remunda, zwei Absolventen der Prager Filmhochschule FAMU, wollten sich in ihrem Film mit Träumen beschäftigen. Genauer, mit dem *Český Sen*. *Der tschechische Traum* war dann auch der Titel ihrer Dokumentation, deren Grundgeschichte eigentlich ganz simpel ist: Die Filmemacher erklären sich zu den Gründern eines neuen und unfassbar billigen Hypermarktes namens *Český Sen,* der auf der grünen Wiese am Stadtrand von Prag errichtet werden sollte. Mit Unterstützung von professionellen Befragern ermitteln die Filmemacher, welche Vorlieben die potenziellen Kundinnen und Kunden haben, warum die tschechische Familie am Wochenende lieber ins kommerzielle Einkaufsparadies geht anstatt wie früher ins eigene Gartenparadies, wie sich der Otto-Normal-Tscheche durch den Supermarkt bewegt und was besondere Kaufreize auslöst.

Etiketten werden entworfen und Produkte für Hochglanzprospekte gefälscht, die Banane, das Bier, die Milch – alles bekommt das erfundene Logo des *Český Sen* aufgeklebt, alles wird zum tschechischen Traum. Eine Werbekampagne wird in Auftrag gegeben, es entstehen Fernseh- und Radiospots, Reklameprospekte mit unrealistisch niedrigen Preisen für Elektrogeräte und Lebensmittel werden großflächig in der Metro verteilt. Irgendwann fiebert ganz Prag dem »Tschechischen Traum« entgegen. Am Morgen der Eröffnung warten mehrere Tausend Kunden darauf, im Hypermarkt einkaufen zu gehen. Doch steht auf der Wiese im Außenbezirk Letňany lediglich die Fassade des Einkaufstraums. Und alle Hoffnungen und Illusionen sind dahin.

Die Filmemacher stellen sich der Menge, halten ihre Reaktionen mit der Kamera fest – und die fallen sehr gemischt aus: Nur wenige Besucher können die Aktion mit Humor nehmen, manche reagieren aggressiv, und andere ziemlich resigniert. Es sei typisch, merkt einer der Interviewten an, man sei im Laufe der Jahrzehnte immer nur hereingelegt worden, und so ginge es jetzt also nahtlos weiter. Bei diesem tschechischen Traum, und das ist vielleicht eine unterschätzte Aufgabe des berühmtesten Humors Mitteleuropas, bleibt einem auch als Zuschauer irgendwann das Lachen im Halse stecken.

Ungeheimes Szeneviertel: Ungeprüfter Touristenführer IV

Ich muss gleich zu Beginn schon wieder mit einer Enttäuschung aufwarten: Was ich Ihnen jetzt zeigen werde, ist weder geheim noch versteckt. Nicht mehr jedenfalls. Bis vor einigen Jahren kündigten diverse Reiseführer den Stadtteil Žižkov noch als unbekannte Entdeckung der Hauptstadt an, ein wenig schmuddelig, aber dabei verdammt cool. Diese Zeiten sind mittlerweile vorbei. Spätestens nachdem sogar das bekannteste deutsche Boulevardblatt den Stadtteil in einem großen Artikel zur sensationellen Hipstergegend erklärte. Zwar gehört Žižkov nach wie vor zu den unbedingten Alternativen zum Altstädter Allerlei, doch haben sich die Besucherinnen und Besucher der Stadt längst hierhin orientiert. Die Veränderung lässt sich schon am äußeren Erscheinungsbild vieler Kneipen ablesen: Manche Lokale haben ihren angeranzten Charakter behalten – sie bewerben ihn aber mittlerweile mit Tafeln auf Englisch, Deutsch oder Russisch. Ich kenne Žižkov seit meinem ersten Besuch in Prag; damals waren die Veränderungen schon in vollem Gange. Und von Besuch zu Besuch konnte ich dabei zusehen, wie Žižkov sich mehr und mehr herausputzte. Mittlerweile sind auch fast die letzten unsanierten Häuser modernisiert und frisch gestrichen, sieht man sie nicht mehr, die ausrangierten Autos am Straßenrand, denen über viele Wochen erst die Spiegel, dann die Reifen, dann die Türen abhandenkommen.

Žižkov war früher ein raues Arbeiterviertel mit, um es mal euphemistisch zu formulieren, entsprechend ausgerichteter Gastronomie. Die Žižkover waren stolz auf ihr Viertel, gerade weil es eben so war, wie es war: mit Ecken und Kanten, ein wenig zwielichtig und alles in allem offenbar ziemlich authentisch.

Immerhin, beim Spazieren durch die Straßen findet man noch ab und zu schmutzige oder gar finstere Ecken, versteckt sich manchmal zwischen zwei frisch eröffneten Cafés eine Spelunke, bei der man den Mut der Besoffenheit braucht, um sie zu betreten, liegt er gerade nachts manchmal noch in der Luft, der Geruch einer wilderen Zeit.

Was nicht heißt, dass Žižkov uninteressant geworden ist. Es hat seine eigene Energie, wenn auch eben nicht mehr die anarchische Kraft, die der Stadtteil früher gehabt haben muss. Eigentlich ist es wenig verwunderlich, dass es Künstlerinnen und Künstler gerade in den Neunzigern nach Žižkov gezogen hat und bis heute zieht. Das hat durchaus Tradition. Schriftsteller wie Jaroslav Hašek schrieben viele ihrer Werke in Žižkov, und auch der Dichter Jaroslav Seifert, bis dato der einzige Literaturnobelpreisträger seines Landes, liebte das Viertel, in dem er geboren wurde und viele Jahre seines Lebens verbrachte.

Als Ausgangspunkt unserer Tour dient uns das mit Abstand markanteste Bauwerk von Žižkov, das überhaupt das städtische Erscheinungsbild prägt und bricht: der Fernsehturm. Sollten Sie hier in der Nähe Ihre Unterkunft haben, dann können Sie sich auch nach sieben Bieren im Grunde von überall aus an den Aliens orientieren. Eigentlich handelt es sich bei den am Turm befestigten Skulpturen um krabbelnde Kleinkinder, aber man kann getrost davon ausgehen, dass der bekannte tschechische Künstler David Černý diese Doppelbödigkeit mitdachte. Es kommt nicht von ungefähr, dass der Turm öfter als *Rakete* bezeichnet wird – was passt also besser als einige Außerirdische, die bei einem Ausflug ins Universum kleben geblieben sind?

Und ja, der Turm an sich ist nun mal, was er ist. Sprechen wir das auf den ersten Blick Offensichtliche aus, machen wir uns nichts vor: So richtig prächtig, so richtig schön, so richtig einladend ist das Wahrzeichen des Stadtteils nicht. Sollte es aber auch vermutlich nicht sein. Mit dem Bau des Fernsehturms wurde 1985 begonnen, als Kontrast, ja, als Gegenprogramm zur geschichtsreichen Architektur der Altstadt. 1992 ist der Fernsehturm eröffnet worden, und seither löst er in seiner wuchtigen und auf 206 Meter Höhe verteilten Sachlichkeit durchaus heftige Reaktionen aus: In einer internationalen Rangliste der architektonischen Fehlgriffe schaffte er es immerhin auf einen ordentlichen zweiten Platz als hässlichste Bausünde der Welt, immerhin umrahmt von Gebäuden in den USA und in Neuseeland.

Dass er nachts in den tschechischen Nationalfarben angestrahlt wird, macht die Sache im Zusammenspiel mit den seltsamen Kriechkindern nicht unbedingt besser. Aber man gewöhnt sich daran, wie gesagt, immerhin haben Sie stets einen nationalfarblich leuchtenden Orientierungspunkt, wenn es spät werden sollte.

Nur ein kleines Stück von hier entfernt befindet sich ein weiteres Bauwerk, über das sich trefflich diskutieren lässt – allerdings kenne ich in diesem Fall weit mehr Befürworter als Kritiker: Am *Náměstí Jiřího z Poděbrad*, unter anderem zu erreichen mit der grünen Metrolinie A, wird Ihnen die Herz-Jesu-Kirche auffallen, *Kostel Nejsvětějšího srdce Páně,* wörtlich übersetzt also die »Kirche des heiligsten Herzens des Herrn«. Die vom bekannten slowenischen Architekten Jože Plečnik geplante Kirche wurde von 1929 bis 1932 gebaut und gilt heute als eines der bedeutendsten Gebäude ihrer Art im ganzen Land. Wenn Sie sich nach unserer Tour informieren, dann werden Sie feststellen, dass ich die Unwahrheit gesagt habe. Ganz offiziell befinden wir uns im Schatten der Kirche nämlich schon im angrenzenden Stadtteil Vinohrady. Dennoch sind Kirche und Fernsehturm eigentlich die besten Ausgangspunkte, um sich Žižkov zu erlaufen. Besonders, das sage ich Ihnen als unabhängiger und lauffauler Touristenführer sehr gern, weil es von hier aus vor allem bergab geht.

Ein schöner Fußweg vom oberen ins untere Žižkov ist nicht unbedingt lang, zeigt aber durchaus den Facettenreichtum des Stadtteils: Während die Gegend um den Fernsehturm hochsaniert wurde, führen die steilen Wege nach unten in Richtung *Seifertova,* wo die Straßenbahnen das Viertel durchqueren. Je tiefer man kommt, desto mehr ändert Žižkov seinen Charakter. Man sieht den teils ungemachten Gebäuden an, dass hier ganz normales Leben stattfand, immer noch stattfindet. Unterhalb der *Seifertova* nimmt auch die Dichte an Spielhöllen und *Cabarets* zu – Nachtklubs also, die Žižkov zwar nicht gleich zur Prager Reeperbahn machen, aber doch Indizien sind für den einst mit Stolz getragenen zwielichtigen Ruf der Gegend. Sind Sie bis hinunter zur *Husitská* gelaufen, dann ist es nicht mehr weit zu den Ursprüngen des Viertels. Sie befinden sich nämlich unterhalb des Vítkov-Hügels, wo das Denkmal des Hussitenführers Jan Žižka thront, der dem Stadtteil seinen Namen gab. Außerdem befindet sich hier das Militärmuseum, falls Sie dieses Spezialinteresse verfolgen sollten.

Ob zu Fuß oder mit der Straßenbahn, mich fasziniert dieses Žižkov bis heute sehr. Auch weil man einfach ein Gefühl für die Weite Prags bekommt: Der *Olšanské náměstí* beispielsweise bietet einen an sich tristen Blick auf einen leider mittlerweile sanierten Hotelkomplex aus der Zeit des Sozialismus, und wenn Sie bis zur Straßenbahnstation *Ohrada* fahren, noch hinter dem alten Güterbahnhof, dann bekommen Sie durchaus noch einen Eindruck vom langsam verblassenden, rauen Charme der Gegend.

Unbedingt anschauen sollten Sie sich in einer ruhigen Minute *Olšanské hřbitovy,* den größten Friedhofskomplex Prags, der seit dem 19. Jahrhundert besteht. Direkt an seinen Mauern, das gehört zur Ironie der Umbrüche des Viertels, wurde ein riesiges Einkaufszentrum errichtet. Von der Terrasse eines seiner Cafés wiederum blickt man ausschließlich auf Gräber. Und natürlich, wenn wir schon bei den Friedhöfen angelangt sind, ist Žižkov auch die letzte Ruhestätte für einen der bekanntesten Prager überhaupt: Auf dem *Nový židovský hřbitov*, dem Neuen Jüdischen Friedhof*,* ist Franz Kafka gemeinsam mit seinen Eltern beerdigt.

Nicht zuletzt will ich noch auf ein Detail hinweisen, für das Sie mich als Touristenführer nicht brauchen werden, welches aber erklärt, warum Žižkov zu meinen Lieblingsstadtteilen gehört: Nirgendwo in Prag ist die Dichte an Cafés und Kneipen so hoch, nirgendwo gibt es, einschneidende Veränderungen hin oder her, so viele verschiedene Möglichkeiten, die Zeit auf angenehme Art zu vergeuden. Und bessere Voraussetzungen kann ein Stadtviertel doch eigentlich gar nicht mitbringen.

Unvermeidbares Scheitern: Tschechisch für junge und alte Anfänger

Meine lieben, fast möchte ich sagen, geliebten tschechischen Freundinnen und Freunde. Wie soll ich anfangen? Und ist nicht genau *das* das Problem? Dass ich schon viel zu lange anfange, anfange, anfange?

Der Reihe nach: Manche von euch kenne ich schon so viele Jahre, manche von euch haben mir ihr Leben erzählt und ihr denkt von mir, dass ihr auch mich gut kennt. Wir haben zusammen viel erlebt, und ihr habt mir immer, immer geholfen, wenn es um mich nicht so gut stand. Aber jetzt ist der Augenblick gekommen, jetzt werde ich euch alle sehr enttäuschen müssen. Ihr wisst, dass ich mich seit ewigen Zeiten um eure Sprache bemühe, ihr wisst, dass ich sie sehr liebe, ihr wisst, dass ich sie gern auch nur annähernd so gut sprechen würde wie ihr. Und ihr denkt, dass es bis dahin gar nicht mehr so ein weiter Weg ist. Er hat ja schon wieder neue und freche Wörter gelernt, sagt ihr, er kann mittlerweile sogar höfliche Fragen stellen, sagt ihr, er erkennt jetzt sogar seine eigenen Fehler und korrigiert sie selbstständig. Aber all das, liebste Freundinnen und Freunde, stimmt so nicht.

Natürlich verstehe ich wirklich nur Bahnhof, wenn ihr sagt, dass wir uns am *Nádraží* treffen. Und ich mache mich zum peinlichen Ochsen, wenn ich im richtigen Moment ein *Ty vole!* in die Runde werfe. Sagen wir es, wie es ist, denn ich habe euch alle getäuscht. Durch geschickt abgelauschte Phrasen, durch die richtige tschechische Liedzeile zur richtigen Zeit, durch meine lange geübte Bestellung im Restaurant. Ich habe ein falsches Spiel gespielt und wurde dafür von euch bewundert. Ihr habt Nachsicht mit mir gehabt, weil ich das ř nicht aussprechen kann, wie es klingen muss, ihr habt mich im pädagogisch richtigen Moment bejubelt, wenn ich mal wieder einige deutsche Lehnwörter zielsicher erkannt hatte, sagen wir *knedlík* – »Knödel«, sagen wir *farář* – »Pfarrer«, sagen wir *brýle* – »Brille«, ihr habt mir eure eigenen Fortschritte im Deutschen stolz präsentiert. Mit manchen von euch habe ich ja fast zeitgleich mit dem Sprachunterricht begonnen, aber als ihr schon die ersten Goethe-Gedichte im Original auswendig konntet, da mühte ich mich noch mit Lektion drei in meinem Lehrbuch ab und konnte gerade so fragen: *Kdy se sejdeme?* »Wann treffen wir uns?«

Dabei habe ich es der verdutzten Rezeptionistin doch schon an meinem allerersten Tag in Prag prophezeit, und ich meinte es doch wirklich so: *I want to learn Czech.* Und sie war gleichermaßen stolz wie ungläubig und besorgt, als sie mir zuraunte: *But it's very difficult.*

Und vielleicht ist es ja jetzt an der Zeit, mir einzugestehen, dass die tschechische Sprache nach Jahren des ausgedehnten Anfängertums einfach ein wenig *too difficult* für mich ist. Ihr wisst es, ich habe alles probiert. Ich hatte im

Laufe der Zeit wirklich tolle Lehrerinnen. Meine derzeitige Lehrerin versucht es mit allen ihr zur Verfügung stehenden Kräften, sie kocht mir Kaffee und kauft tschechische Kekse, sie serviert mir frisch gepressten Saft und spielt mir Lieder vor, sie ist im richtigen Augenblick nachsichtig und zur richtigen Zeit streng, sie zwingt mich, zumindest ansatzweise auf Tschechisch zu erzählen, was ich gemacht habe, sagen wir, den Sommer über. Aber zu was führt das alles? Zum Beispiel dazu, dass ich berichten will, dass ich eine Kurzgeschichte geschrieben habe. Und so platzt es dann auch aus mir heraus: *Napsal jsem pomník.* Und meine Lehrerin, die in ihrem Lehrerinnenleben schon so viel gehört und so oft die Fassung bewahrt hat, platzt ebenfalls, vor Gelächter nämlich, hat doch ihr Schüler ihr gerade selbstbewusst versichert: »Ich habe ein Denkmal geschrieben.« Und auch, wenn ich mich rasch korrigiere (*Napsal jsem povídku.*), es ist nur ein kleines Beispiel für meine törichten Fehler, die nach wie vor nicht weniger werden.

Gern weise ich euch bei dieser Gelegenheit aber auch auf eine felsenfeste Tatsache hin: Eure Sprache ist wirklich wunderschön, aber warum, frage ich euch, warum nur musstet ihr sie so dermaßen kompliziert gestalten? In meinem Lehrbuch ist davon die Rede, dass man sich zuerst durch die »Anfangsgründe der Grammatik« kämpfen muss, danach werde es einfacher. So sehr ich mir das aber auch zu Herzen genommen habe: Ich war vielleicht schlichtweg zu *unavený* – »müde«*, líný* – »faul« und *hloupý* – »dumm«, um heute mit euch eine fließende Konversation betreiben zu können, die über ein umgangssprachliches *Nazdar, jak se máš?* – »Hallo, wie geht's?« hinausreichen würde.

Mal ernsthaft, die Grammatik ist auch wirklich *těžká* – »schwer«. Es gibt sieben verschiedene Fälle (Nominativ,

Genitiv, Dativ, Akkusativ, Vokativ, Lokativ, Instrumental) und natürlich den Aspekt, eine Besonderheit bei Verben, von denen die meisten eine vollendete und unvollendete Form besitzen. Diesen Aspekt immer richtig zu benutzen, das fällt selbst den Lernenden aus der Fortgeschrittenengruppe schwer. Und weil auch noch die Wortfolge flexibel ist, kommt es immer auf die Endung an – als Signal für das grammatikalische Verhältnis der Wörter untereinander. Das alles ist ja in sich vollkommen logisch. Vielleicht ist es auch einfach *dieses* Talent zum logischen Denken, das mir fehlt.

Dann ist da auch noch die Sache mit dem Geschriebenen und dem Gesprochenen: Eine zu Papier gebrachte Begebenheit würdet ihr nämlich in der Kneipe ganz anders erzählen. Es gibt einen großen Unterschied zwischen Schriftsprache und Umgangssprache, und der ist sogar historisch begründet: Nach der verlorenen Schlacht am Weißen Berg im Jahr 1620 verlor auch das Tschechische an Bedeutung und existierte vor allem noch als mündliche Sprache. Das änderte sich zu Anfang des 19. Jahrhunderts im Zuge der *nationalen Wiedergeburt,* als die bürgerlichen tschechischen Kreise anfingen, ein neues Selbstbewusstsein zu entwickeln und auch sprachlich gegen die allzu deutsche Kaiserei aufzubegehren. So wurde die Schriftsprache zwar wieder bedeutsam, aber eben in der schon seit anderthalb Jahrhunderten bestehenden geschriebenen Form, während sich das mündliche Tschechisch natürlich derweil weiterentwickelt hatte.

Das Mündliche an sich, und das habt ihr ja sicher schon bemerkt und euch deshalb so große Hoffnungen gemacht, dass es mit mir und dem Tschechischen immer weiter bergauf geht, bereitet mir nicht so große Schwierigkeiten. Denn so kompliziert das alles auch aussah, als ich die ersten tschechischen Wörter in Form der Stationsanzeigen in der Metro entdeckte, so leicht legte sich der erste Schrecken: Grundsätzlich wird die erste Silbe betont. Und so viele der diakritischen Zeichen gibt es glücklicherweise auch nicht. Der *háček* – »Haken« existiert zum Beispiel beim *č* und taucht somit gleich zu Beginn des tschechischen Wortes *čárka* auf – ein Strich, welcher die Länge der einzelnen Vokale markiert, etwa in *nakupování* – »der Einkauf«. Der *kroužek* – »Kringel« zeigt hingegen die Länge des *u* in der Mitte oder am Ende des Wortes an, unter anderem in *stůl*. Womit wir gleich bei einem falschen Freund angelangt sind, denn der tschechische *stůl* eignet sich nur bedingt zum Sitzen und heißt übersetzt »Tisch«.

Allerdings muss man das theoretisch Begriffene auch noch unfallfrei und mit Würde über die Lippen bringen. Eure Eiscreme schmilzt zarter auf der Zunge als das dazugehörige Wort – andererseits, mit ein wenig Übung kommt man sogar mit dem Konsonantenüberschuss in *zmrzlina* zurecht. Und mit einigen Eselsbrücken lassen sich die diakritischen Zeichen bewältigen. Das *č* klingt so befreiend wie das *tsch* im deutschen »Hatschi«, das *ž* kannte ich schon aus »Jazz« und »Journalist« – und auch das *š* bereitet mir kaum Probleme, auch wenn es wie das *sch* in »schwierig« gesprochen wird. Ein anderes Kaliber ist da schon das *ř*, der Albtraum meiner Unterrichtsstunden. Selbst ihr als Muttersprachler, so höre ich immer wieder, scheitert mitunter daran. Die Fusion aus einem rollenden *r* und dem *ž* ist für meinen Sprechapparat jedenfalls zu viel. Und ich sollte mich niemals mit einem tschechischen Gregor anfreunden, könnte ich doch seinen Namen *Řehoř* niemals auch nur annähernd artikulieren.

Meine lieben, fast möchte ich sagen, geliebten tschechischen Freundinnen und Freunde, jetzt bin ich ins Erklären geraten und ich weiß genau, dass ihr jetzt denkt, ich würde untertreiben, ich sei zu bescheiden. Dem ist aber wirklich nicht so. Zwar bin ich tatsächlich, um mal aus dem Vokabelschatz meiner aktuellen Lektion zu schöpfen, *zdvořilý* – »höflich«, *zvědavý* – »neugierig« und *zodpovědný* – »verantwortungsbewusst«, dabei aber leider auch sehr *zapomnětlivý* – »vergesslich« und vielleicht einfach nicht *statečný* – »mutig« genug.

Ich würde es nicht wagen, euch jetzt auch noch Vorwürfe zu machen, aber vielleicht liegt es ja auch ein wenig an *eurer* unglaublichen Höflichkeit: Ihr sprecht das schönste Deutsch und das beste Englisch mit mir, wenn ich mal wieder auf Tschechisch nach Worten ringe. Es bräuchte einfach mehr Abende wie jenen, den ich mit zwei Musikern verbrachte, die ausschließlich Tschechisch konnten. Von Bier zu Bier löste sich auch meine Zunge immer mehr und brachte Worte hervor, die ich nie gelernt zu haben glaubte.

In diesem Sinne hoffe ich, dass wir noch eine Chance bekommen. Dass ihr nicht allzu enttäuscht seid von meinem Geständnis, für immer ein ewiger Anfänger zu sein. Deshalb sage ich zum Schluss so zart und so akzentfrei und so korrekt wie möglich: *Na shledanou.* »Auf Wiedersehen.«

Schwestern wie Tag und Nacht: Die Prager Metro und die Prager Straßenbahn

Oben oder unten? Als ich noch jünger war, habe ich meine Bekannten mit dieser einen Frage genervt. In manchen Dingen gab es einfach keine Kompromisse, und diese eine Entscheidung gehörte für mich dazu. Tag oder Nacht? Hell oder dunkel? Kurz, wie hältst du es mit den Prager Verkehrsbetrieben? Schenkst du dein Herz der Metro, die zwar nur über drei Linien verfügt und sich verhältnismäßig früh in der Nacht rarmacht, dafür aber mit besonderen Extras wie imposanten Stationen tief unter der Erde und mindestens so imposanten und steilen Rolltreppen aufwartet? Oder steigst du lieber in die nächste Straßenbahn, sparst dir die unterirdische Fahrerei und freust dich, der tschechischen Hauptstadt während der gesamten Fahrt ins wache und aufgeräumte, müde und schmutzige Gesicht schauen zu können?

Ich selbst entdeckte in meinen Reisenotizen kürzlich den Hinweis, dass ich vor einigen Jahren meine Entscheidung nach langem Abwägen zugunsten der Metro gefällt hatte, aber warum und weshalb, das konnte ich meinen wenigen Sätzen nicht mehr entnehmen. Und ich würde es auch heute nicht mehr so dramatisch sehen, das ist wahrscheinlich die Weisheit des gemeinsamen Alterns mit Prag: Beide Wege sind reizvoll. Auf höchst unterschiedliche Art. Während ich in allen übrigen Metropolen, in denen ich mehr Zeit verbracht habe, oft und gern Taxi fahre, ist es auch nach den vielen Malen in Prag immer noch eine Freude, wenn Metro oder Straßenbahn ihre Türen schließen und mich durch die Stadt tragen. Und das hat nicht nur damit zu tun, dass das Taxifahren in Prag nach wie vor viele Fallstricke zu bieten hat (man sollte immer noch aufpassen, nicht übers Ohr gehauen zu werden), es lohnt sich eigentlich immer, sich in der tschechischen Hauptstadt auf Trams oder U-Bahnen zu verlassen – zumal es im ständig kollabierenden Prager Stadtverkehr ohnehin die schnellere und günstigere Variante ist, um von nach A nach B zu kommen.

Womit aber anfangen, mit der Straßenbahn oder mit der Metro? Lassen wir an dieser Stelle der eindeutig älteren Schwester den Vortritt, die vermutlich für die ersten Schritte in Prag auch das geeignetere Transportmittel ist – weil man einfach mehr von der Stadt sieht: Die Geschichte der elektrischen Straßenbahnen in Prag begann in der zweiten Hälfte des 19. Jahrhunderts: 1875 fuhren die ersten Pferdebahnen durch die Stadt. Rund zwanzig Jahre später sorgte František Křižík, ein Techniker und Erfinder, nach dem heute unter anderem eine Straße und die Metrostation *Křižíkova* benannt sind, für die erste längere elektrisch betriebene Straßenbahnstrecke, welche die Stadtteile Karlín und Vysočany auf einer Länge von acht Kilometern miteinander verband.

Heute ist das Netz der Prager Straßenbahn sehr dicht und verbindet das Zentrum mit verhältnismäßig vielen Stadtteilen; nicht selten ist die gesamte Strecke einer Linie über zwanzig Kilometer lang. Nach wie vor fest verankert im Stadtbild sind die Tatra-Bahnen, die man nicht nur an ihrer charakteristischen Lackierung in weißer und roter Farbe erkennt, sondern auch an ihren akustischen Eigenschaften. Das Quietschen, wenn eine Tatra um die Kurve biegt, die Geräusche beim Anfahren und Abfahren von der Haltestelle sind eindeutig. Besonders im Zentrum muss der Straßenbahnverkehr eine logistische Meisterleistung sein: An manchen Stationen hält jede Minute eine andere Straßenbahn, und bestimmte Linien verkehren so oft, dass es – zumindest tagsüber – nicht nötig ist, auf den Fahrplan zu schauen. Zwar reicht die Nummerierung der Straßenbahnen bis 26, davon sind derzeit allerdings nur rund zwanzig Linien aktiv. Ganz genau festnageln lassen möchte ich mich auf diese Zahl nicht, denn, das liegt in der Natur der Sache: Es wird immer und ständig irgendwo am Straßenbahnnetz gebaut. Linien fallen aus, werden verkürzt oder umgeleitet. Bei bisher jedem Prag-Aufenthalt wurde repariert und ausgebessert, konnte ich bei späten Spaziergängen zusehen, wie die Funken bei Schweißarbeiten an den Gleisen die Prager Nacht kurzzeitig erhellten. Zugleich gehört der Straßenbahnverkehr zu den zuverlässigen Konstanten im Alltag: Nur ein einziges Mal in ihrer Geschichte musste der Betrieb komplett eingestellt werden, und zwar im Winter 2014, als die Hauptstadt und ganz Tschechien von Blitzeis überrascht wurden.

Je nach Tageszeit kann es trotz der guten Taktung in den Straßenbahnen voll werden, und damit meine ich *wirklich* voll. Und so merkwürdig dieser Hinweis klingt, es ist angebracht, sich sicherheitshalber festzuhalten, und damit meine ich, sich *wirklich* festzuhalten. Denn die Prager Straßenbahnfahrerinnen und Straßenbahnfahrer sind gern flott unterwegs, nutzen oft selbst die kleinste Gerade, um kräftig auf die Tube zu drücken – und eben vor der nächsten Kurve auch entsprechend abrupt abzubremsen. Das ist natürlich nicht immer so, die Prager Straßenbahnfahrstile sind enorm unterschiedlich – immer dann schön zu beobachten, wenn ein fliegender Dienstwechsel auf der Strecke stattfindet und man sich nach einer gemächlichen Fahrt durch die Stadt schlagartig wie in einem Rennen um die Bestzeit zwischen zwei Haltestellen fühlt. Gerade in den ersten Tagen in Prag ist die Straßenbahn ein guter Weg, um sich eine gewisse Orientierung zu verschaffen. Schnell bemerkt man, dass es ganz schön viele Hügel gibt, für die es ohne Tram ganz schön viel Zeit bräuchte – selbst wenn es auf der Karte nicht so aussah.

Ein recht eigenwilliges Erlebnis können die Fahrten mit den Nachttrams werden. Freunde von mir versuchen nach Kräften, sie zu meiden. Und ohne Zweifel, man darf keine Scheu vor Körperkontakt haben, denn die zwar auch nachts gar nicht so selten fahrenden, dafür aber oft nur mit einem Wagen verkehrenden Straßenbahnen sind manchmal so voll, dass es jeder physikalischen Logik zu widersprechen scheint. Mehr Menschen auf engstem Raum sind kaum unterzubekommen. So erlebt man auf einer kurzen Fahrt nahezu sämtliche Seiten der Stadt: Da gibt es die schlafenden Obdachlosen, die sich in der Bahn aufwärmen, die sich am Lärm um sie herum schon lange nicht mehr stören, da gibt es die grölenden und trinkenden Schulklassen auf Abschlussfahrt, da gibt es die Austauschstudenten, die aus dem offenen Straßenbahnfenster heraus gern ihr gerade gelerntes Vulgärtschechisch in die Nacht brüllen, da gibt es die Torkelnden und Trunkenen und solche, die schon viel zu besoffen sind, um überhaupt noch torkeln zu können. Die Fahrerinnen und Fahrer, das ist wirklich bewundernswert, nehmen den Zirkus recht gelassen hin. Es dauert eben manchmal länger, bis die Türen geschlossen sind, es ist eben manchmal unerträglich laut, aber vielleicht ist ja die tröstende Gewissheit, dass es spätestens an der Endstation auch wieder ganz still sein wird.

Es ist kein großes Geheimnis, dass sich die Prager Straßenbahnen sehr gut für nahezu kostenlose Stadtrundfahrten eignen – viele der Strecken sind sehenswert, man bekommt Einblicke in den ganz normalen Alltag der Stadt. Es fällt mir schwer, eine Linie besonders hervorzuheben: Ich persönlich mag die Strecke der Linie 26 gern, sie führt von Stadtrand zu Stadtrand und überquert dabei die Moldau, man kann in Žižkov ebenso zusteigen wie im Zentrum am *Náměstí Republiky,* dem Platz der Republik. Danach geht es über die Moldau und hoch auf Letná, vorbei am weitläufigen und großstädtischen *Strossmayerovo náměstí,* am Stadion von Sparta Prag und weiter nach Dejvice. Ist genug Zeit vorhanden, dann sollte man mindestens ein Mal bis zur letzten Station gefahren sein – die Bahn endet an der *Divoká Šárka,* der Wilden Šárka, einem Naherholungsgebiet, das sich mit seinen Felsen und Bäumen und Bächen für einen längeren Spaziergang eignet. Vom Zentrum aus dauert es mit der 26 nicht mal eine halbe Stunde, bis der Trubel der Hauptstadt nahezu komplett verschwunden ist und man sich inmitten eines Naturschutzgebiets wiederfindet.

Auch eine kleine Tour mit der Linie 3 kann interessant sein: Vielleicht schaut man sich zuerst Libeň an, das Viertel, das nicht zuletzt durch Bohumil Hrabal den verdienten Vorstadtglanz bekommen hat. Man kann gleich am Krankenhaus Bulovka oben auf dem Berg in die Linie 3 steigen, sie fährt dann durch Libeň, durchquert den Stadtteil Karlín und schließlich das Zentrum, kreuzt den *Václavské náměstí,* den Wenzelsplatz, um dann später ein ganzes Stück an der Moldau entlang in Richtung Braník zu fahren, wo man bei einem vollkommen ziellosen Spaziergang dörfliche Gefühle entdecken kann – obwohl der Stadtteil ja sogar noch sehr zentrumsnah liegt.

Die aus Sicht des Besuchers beliebteste und an den meisten Sehenswürdigkeiten vorbeiführende Strecke wird von der Linie 22 befahren. Sie gilt in der Tat als die beste Möglichkeit, einen Großteil der wichtigen Punkte der Stadt mit einer einzigen Fahrt abzuklappern. Ich habe mich dem Selbstversuch an einem warmen Vormittag im Sommer ausgesetzt und bin die gesamte Strecke abgefahren, bis zur einen Endstation und von dort bis zum anderen Ende der Linie. Das Ganze dauerte gut zwei Stunden, und obwohl ich Prag mittlerweile ganz gut zu kennen glaube, habe ich doch viele eher unscheinbare Ecken entdeckt, die mir ohne 22 verborgen geblieben wären. Ich stieg am *Národní divadlo* ein, dem Nationaltheater nah an der Moldau, und obwohl es Vormittag war und die 22 sogar öfter als im Fünfminutentakt fährt, waren die Wagen ziemlich voll. Zuerst nahm ich mir die vermeintlich unspektakulärere Strecke in Richtung Hostivař vor, die recht schnell nicht mehr an den touristischen Hotspots der Stadt vorbeiführt – wäre ich ein geprüfter Touristenführer, dann würde ich diesen Teil der Strecke marktschreierisch als *Reise ins waschechte Prag* bezeichnen. Zuerst geht es über den *Karlovo náměstí,* den Karlsplatz, hoch in Richtung Vinohrady: Die 22 passiert den *Náměstí Míru* und fährt weiter in Richtung Vršovice. An der Station *Krymská* dachte ich schon das erste Mal über einen Kaffee in einem der neuen Lokale der schmalen und steilen Straße nach, hatte aber erstaunlicherweise genug Tramdisziplin, um das Selbstexperiment durchzuziehen. Spätestens am *Vršovické náměstí* spürte ich, dass der allzu touristische Teil der Strecke hinter mir lag: Kleinstädtisch anmutend ist es dort, aber im guten Sinne. Keine Vorstadttristesse also, noch nicht. Die Bahn hält auch an der Haltestelle *Koh-i-noor* – wer sich fragt, was es mit diesem Namen auf sich hat: Dort befindet sich die gleichnamige Fabrik, die seit über hundert Jahren Textilkurzwaren aus Metall herstellt und rund um den Globus exportiert. Knöpfe, Reißverschlüsse, auch Stricknadeln. Das offizielle Motto der Firma sagt alles: »Wir verschließen die ganze Welt.« Danach fährt die 22 weiter nach Strašnice, und spätestens am Bahnhof des Stadtteils sieht man beim Blick aus dem Fenster, dass die touristische Seite der Stadt komplett verschwunden ist: Ein Blumenladen, eine Spielhölle, Damenbekleidung zu Niedrigstpreisen, ein Geschäft mit Modeschmuck, ein Hähnchengrill.

Ab jetzt wird die Bahn leerer, ab jetzt beginnt eine Art von besonderer Melancholie, die ich an Prag immer gemocht habe. Man taucht ein in die Normalität der Vorstadt, die Menschen auf den Gehsteigen werden weniger, die Verkehrsdichte hingegen nimmt zu, das trübe Bild der Autobahnzubringer der Großstadt, zwischendurch Einkaufszentren und immer wieder renovierungsbedürftige graue Plattenbauten, auf deren Balkonen reihenweise bunte Sonnenschirme aufgespannt sind. Das alles soll gar nicht so nach Vorstadtromantik klingen: Bei diesen Fahrten an den Stadtrand wird mir immer wieder klar, wie groß die Metropole eigentlich ist – und dass sich das Leben der meisten Bewohnerinnen und Bewohner, immerhin weit über eine Million Menschen, eben genau hier abspielt. Die Endstation fühlte sich an wie urbanes Niemandsland, eine Wendeschleife am Ende des Stadtteils Hostivař, der Rand vom Rand sozusagen. Ich war der einzige Fahrgast, der bis zum letzten Halt sitzen geblieben war, ich rauchte eine Zigarette, die Straßenbahnfahrerin tat es mir nach, und dann stiegen wir wieder ein und fuhren dieselbe Strecke zurück. Doch das war ja erst der Anfang, der touristische Teil der Linie 22 liegt genau am entgegengesetzten Ende des Fahrplans.

Gehen wir wiederum von einem Fahrtbeginn am *Národní divadlo* aus, dann wird eine Sehenswürdigkeit nach der anderen angesteuert. Nach der Überquerung der Moldau kann man gleich am *Újezd* wieder aussteigen und die Standseilbahn auf den *Petřín* nehmen, dafür braucht es noch nicht mal ein neues Ticket, denn die Bahn gehört ebenfalls zu den Prager Verkehrsbetrieben und muss somit nicht extra bezahlt werden. Die 22 fährt weiter auf die Kleinseite, passiert den *Malostranské náměstí* und die unzähligen sehenswerten Gebäude des Platzes und gewinnt anschließend an Höhe; die Aussicht wird von Haltestelle zu Haltestelle immer prächtiger. Zuerst kommt die Prager Burg (was die Linie natürlich prädestiniert für alle, die den Aufstieg zum Sitz des Präsidenten nicht zu Fuß bewältigen können oder wollen), anschließend geht es weiter zum *Břevnovský klášter*, dem Kloster von Břevnov, bevor die Fahrt an der Haltestelle *Bílá Hora* endet. Somit durchfährt die 22 nicht nur das Stadtgebiet mit einer ausgesprochenen Dichte an historischen Sehenswürdigkeiten, ihre letzte Station ist ebenfalls ein geschichtlich bedeutsamer Ort für Böhmen und

Europa. Auf dem 379 Meter hohen *Bílá Hora,* dem Weißen Berg, verlor im Jahr 1620 das (protestantisch geprägte) böhmische Heer die Schlacht gegen die kaiserliche Armee. Es folgte nicht nur eine demütigende und öffentlichkeitswirksame Exekution von 27 sogenannten Standesherren auf dem Altstädter Ring, in der Konsequenz flohen viele Tausend Protestanten aus Böhmen nach Deutschland und verloren ihre Heimat. Belassen wir es an dieser Stelle bei so einem viel zu verknappten historischen Exkurs für eine Zigarettenlänge, denn die nächste Straßenbahn setzt sich schon wieder in Bewegung.

Mir stand nach dem Erreichen von *Bílá Hora* der Sinn nach einem Spaziergang. Nach 42 Kilometern Prag in der Straßenbahn, mindestens zehn Mal so vielen Gesichtern und immerhin einer Fast-Kollision mit einem ortsunkundigen Autofahrer, nach einer kühl klimatisierten Tour in einer modernen Straßenbahn der Marke *Škoda* und einer entsprechend verschwitzten Rückfahrt ohne Klimaanlage lief ich zu Fuß durch Břevnov und landete schnell in einem Biergarten, von dem aus ich dem dichten Takt der Linie 22 nun also als Unbeteiligter zuschaute.

Was mich fasziniert und was mit Sicherheit meiner Zuneigung zum verführerischen Klang der Sprache geschuldet ist, das sind die Durchsagen, an denen ich mich auch nach Jahren noch nicht satt hören kann. In diesem Punkt, und ich kann es nicht erklären, wie das mit Herzensangelegenheiten eben so ist, gewinnt dann doch mit kleinem Vorsprung die Prager Metro gegen die Straßenbahn. Einer der ersten Sätze, die ich sogar relativ akzentfrei nachsprechen konnte, bleibt gleich in den ersten Tagen im Ohr: *Ukončete prosím výstup a nástup, dveře se zavírají.* »Bitte beenden Sie das Einsteigen und Aussteigen, die Türen schließen sich.« Daran sollte man sich nach Möglichkeit auch halten – schon öfter habe ich erlebt, dass der Metrofahrer verärgert die immens laute und immens schallende Hupe benutzt, um der freundlichen Aufforderung zur Freigabe der Türen Nachdruck zu verleihen.

Die Orientierung fällt bei der Prager Metro relativ leicht: Es gibt drei Linien, A (grün), B (gelb) und C (rot). Die Stimmen der Ansage, um damit meinen Klangfetischismus auf den Höhepunkt zu treiben, variieren übrigens je nach Linie. Zuerst in Betrieb ging im Jahr 1974 ein Teilstück der Linie C, sie verband damals den U-Bahnhof *Florenc* mit der Station *Kačerov* am Stadtrand. Für mich gibt es neben den Durchsagen auch ansonsten signifikante Unterschiede zwischen den drei Metrolinien: Die Strecke der grünen Linie A führt im Grunde an fast sämtlichen Punkten vorbei, die für touristische Zwecke relevant sind – *Malostranská* ist die Station auf der Kleinseite, *Staroměstská* liegt am Altstädter Ring, *Můstek* ist der Halt am Wenzelsplatz, und am *Muzeum* landet man direkt dort – vor dem Nationalmuseum nämlich. Irgendwie industrieller und rauer (vielleicht liegt es an den auf der Linie eingesetzten Wagen, die mitunter an die New Yorker U-Bahn erinnern) fühlt es sich für mich an, mit der Linie B unterwegs zu sein. Sie reicht von Stadtrand zu Stadtrand und verbindet die Schlafsiedlungen mit dem Zentrum Prags. Das gilt auch für die rote Linie C, der ich immer gewisse liebliche Attribute zuschreibe; mit ihr gelangt man beispielsweise zum *Vyšehrad*, dem Burgwall, der zu jeder Tageszeit einen einmaligen Blick auf die Stadt gewährt.

Die Metrostationen sind in ihrer Verschiedenheit mitunter sehr einprägsam, die sozialistische Vergangenheit ist an der Architektur ablesbar, es dominieren Glas, Aluminium, Metall, teilweise kommt Marmor vor. Auch die Metro taugt natürlich für einen Selbstversuch. Schon seit mehreren Jahren hatte ich mir Gedanken gemacht, die ich dann an einem Nachmittag praktisch erprobte: Wie viel reine Lebenszeit verbringen die Pragerinnen und Prager wohl auf den Rolltreppen, die zur Untergrundbahn führen? Fest steht, dass jene Rolltreppen ein – für europäische Verhältnisse – zackiges Tempo drauf haben und ebenso zackig steil nach unten führen. In manchen innerstädtischen Stationen sogar sehr weit nach unten: Den Rekord hält hierbei die Station *Náměstí Míru*, dort fährt die Metro in einer Tiefe von 53 Metern. Damit ist sie nicht nur die tiefste Station der Stadt, sondern zugleich auch europäischer Rekordhalter. Aber zurück zu meinem Experiment: Die Station *Malostranská* lag bei meinen Feldversuchen mit Stoppuhr genau im Mittelfeld. Mithilfe komplizierter mathematischer Verfahren habe ich errechnet, dass der Aufenthalt auf der Rolltreppe der tschechischen Metro im Schnitt anderthalb Minuten dauert. Ausreißer nach oben und unten sind (im wahrsten Sinne des Wortes) möglich, manche Stationen sind nämlich enttäuschend nah am Tageslicht gebaut, während an anderen Stellen die Rolltreppen niemals zu enden scheinen.

Nun stellt sich natürlich angesichts des viel längeren Loblieds auf die Straßenbahn die Frage, warum die Entscheidung zwischen Untergrund und Tageslicht denn so schwer sein soll – das kann ja nicht nur an steilen Rolltreppen und faszinierenden Türschließdurchsagen liegen. Das praktische Argument liegt natürlich auf der Hand: Unter der Erde geht es einfach oftmals schneller. Der Takt der Metro ist – besonders tagsüber – vollkommen in Ordnung, und selbst die auf die Fahrtzeit aufzuschlagenden Rolltreppenwege ändern nichts daran, dass man sein Ziel meist eher erreicht.

Jenseits der Effizienz habe ich noch eine andere Theorie, selbstverständlich etwas krude: Während es in den Prager Trams zwar mehr zu sehen gibt, das rein optische Erlebnis also eindeutig punktet, während die Straßenbahn also das Offensichtliche präsentiert, ist die Metro den inneren Werten zugewandt. Mein intensives Nachdenken über Prag, die spezifischen Ausbrüche von tschechischer Melancholie, die plötzlich einsetzende Sehnsucht, all das geschieht eher im Untergrund. Liegt es an den Gerüchen, die sich schwer kategorisieren lassen, die aber eindeutig spezifisch sind für die Prager Metro? Oder an den Gesichtern der Mitreisenden, die ihren Blick seltener aus dem Fenster richten, weil es da eben nicht viel zu sehen gibt? Existiert dieser ganze unterirdische Verkehr möglicherweise nur, um sich vom anstrengenden Treiben über Tage zu erholen, sozusagen als unterirdisches und seit Jahrzehnten geheim gehaltenes Programm zur Stärkung der urbanen Gesundheit?

In diesem Zusammenhang ist möglicherweise mal wieder eine Kneipenbeobachtung von Interesse: Ich hatte schon Gelegenheit, sowohl Straßenbahn als auch Metro beim Biertrinken zu beobachten. Also nicht die Fahrzeuge an sich, wohl aber diejenigen, die sie steuern. Der Straßenbahnfahrer erwies sich dabei als durchaus fröhlicher, allerdings nervöser Zeitgenosse, die Nachrichten in der Zeitung überfliegend und mit dem Finger ständig nach dem imaginären Klingelknopf suchend. Metrofahrer hingegen sind schweigsamer, eindeutig von melancholischerem Temperament, mit müderem Blick, der an die stete Dunkelheit gewöhnt zu sein scheint. Nicht ausschließen möchte ich allerdings, dass diese Beobachtungen mit einer Spur der tschechischen Übertreibungskunst versehen sind.

Ebenso, wie ich es mit dem Aufbauschen der Entscheidung zwischen Metro und Straßenbahn stets übertreibe, bis meine Freunde schon wieder ganz genervt sind von meinem Hang zu Durchsagen, schließenden Türen und Rolltreppenlängen. Eins aber ist sicher: Es ist und bleibt auch nach Jahren noch eine besondere Sache, das Durchqueren Prags mit den öffentlichen Verkehrsmitteln. Und damit bin ich nicht allein: Freunde von mir, die länger in der Stadt gelebt haben, sprechen manchmal von einer regelrechten Sehnsucht, die sich an einem einzelnen Straßenbahnabschnitt oder einfach nur an den Kacheln einer bestimmten Metrostation festmacht. Das Faszinierende ist ja, dass es manchmal gar nicht so sehr auf das Ziel ankommt, allein schon der Weg von A nach B ist voller Geschichten, ins Ohr geflüstert zwischen zwei Stationen, über oder unter der Erde, mit Panoramablick auf die leuchtenden Dächer der Stadt oder mit Aussicht auf eine unverputzte und schmutzige Tunnelwand kurz vor Mitternacht.

Speck ist unser Gemüse: Die böhmische Küche und ihre Revolution

Mein kulinarisches Steckenpferd Tschechien betreffend ist mittlerweile in meinem Freundeskreis berüchtigt. Kehre ich zurück, dann werden mir Fragen gestellt zum Status quo meiner Lieblingsspeise. Wo bekommt man sie gerade besonders frisch? Gibt es kreative Küchenexperimente zu vermelden? Und wie weitreichend waren meine Testessen diesmal? Was mich wiederum bei sämtlichen Reisen dazu anstachelt, meine Fachkenntnisse stets zu erweitern und zu verfeinern. Denn mittlerweile bin ich auf dem Gebiet meines Leibgerichts so etwas wie ein Connaisseur, ein kritischer Liebhaber und passionierter Genießer. Geschmackliche Nuancen entgehen mir nicht mehr, und Abweichungen vom Standardprogramm werden von mir mit Argwohn beäugt, auch wenn ich mich noch nicht traue, meine Beobachtungen dem tschechischen Küchenchef mitzuteilen und somit seine Kunstfertigkeit zu hinterfragen.

Bei diesem Gericht, dem ich auf keiner Reise entkomme und das ich in mindestens zwei Varianten immer probieren muss, handelt es sich um *Smažený sýr*. Frittierten Käse also. Nicht mehr, nicht weniger. Ursprünglich aus der Slowakei kommend, vor 1989 sehr beliebt als fleischlose, also billigere Alternative zum Schweinebraten, gehört er, machen wir uns nichts vor, zu den ausgesprochen schlichten Kneipenessen, die überall zu bekommen sind. Nicht aber, und dafür lege ich meine deutsch-tschechische Hand ins Feuer, in Deutschland, nicht so jedenfalls.

Vergessen wir den üblichen gebackenen Standard-Camembert, den wir kennen, vergessen wir Preiselbeersoßen oder sonstige Finessen, die braucht es nicht. Der *Smažený sýr* besteht aus einem ordentlichen Stück Edamer in Panade. Er wird in verschiedenen Varianten gereicht: Verdächtig ist der sehr symmetrisch geschnittene und panierte Käse, hier handelt es sich meist um industriell vorgefertigte Ware. Der wirklich gute frittierte Käse ist nicht unbedingt gleichmäßig geformt und wird meist in zwei ansprechend auf dem Teller drapierten Stücken serviert. Umspielt wird er von bestenfalls hausgemachten Pommes, oder, da sind wir schon in der Abteilung der puristischen Gourmets, sogar Kartoffeln. Wichtigstes Indiz dafür, ob man es mit einem *Smažený sýr* der obersten Liga zu tun hat: die Salatbeilage. Als optimale Begleitung hat sich im Laufe der Jahre nämlich ein einzelnes Salatblatt erwiesen, welches ein geschmackliches Duett mit einem kleinen Tupfer Krautsalat eingeht, umtänzelt von einer Scheibe Gurke und je einem Stück Tomate und Paprika. Aber bitte, keinesfalls mehr. Fällt die Salatbeilage üppiger aus, dann lenkt der Koch meines Erachtens von Unzulänglichkeiten in anderen Bereichen ab, dann hat er offenkundig etwas zu verbergen.

Abgerundet wird jeder *Smažený sýr* von einer Soße, die wiederum auch alles andere als beliebig ist. Es muss sich dabei um *Tatarská omáčka* handeln, die ursprünglich aus Frankreich kommende Tatarensoße. Geschmacklich eine Spur luftiger als Mayonnaise und eindeutig ausdifferenzierter als Remoulade.

Ich könnte ganze Oden über den *Smažený sýr* schreiben, ihm Kurzgeschichten und Romane widmen, ihm ein literarisches Denkmal setzen, und das trotz seiner doch eigentlich schlichten Fettigkeit, seiner nicht negierbaren Fritteusenherkunft. Man muss ihn eben nehmen, wie er ist. Und damit kommen wir den wahren Beweggründen meiner Leidenschaft – abgesehen davon, dass er eben auf simple Art sehr gut schmeckt – schon eher auf die Spur. Es geht nicht unbedingt um kulinarische Erweckungserlebnisse, sondern um ein Gefühl. Denn eine Reise nach Prag führt immer auch in die Kneipe. Ein Bier und ein *Smažený sýr*, kurze Überprüfung der Lage, das ist vorhanden, also ist die Welt noch in Ordnung. Jenseits aller Schwärmereien kam dem frittierten Käse bis vor einigen Jahren durchaus eine Schlüsselrolle im Speiseangebot der Restaurants und Kneipen zu: Nicht selten war es, abgesehen von den Beilagen, das einzige Gericht, an dem auch Vegetarier ihre Freude haben konnten. Und selbst internationale Fastfoodketten bieten den frittierten Käse zwischen zwei Burgerhälften bis heute an. Als Einstieg zum Verständnis der Kneipenküche ist der *Smažený sýr* somit der perfekte Auftakt – auch wenn er nicht unbedingt den glänzenden Beginn einer Anleitung zur gesunden und ausgewogenen Ernährung innerhalb der tschechischen Esslandschaft bildet. Aber damit ist es vielerorts ohnehin nicht so einfach, fürchte ich.

Das Essen in den tschechischen Gaststätten war und ist deftig – und wird es vermutlich auch immer bleiben. Als Basis für das Bier, das sich eben viel zu leicht trinkt. Wer

Fleisch isst, der wird früher oder später auf die *Ertrunkenen* stoßen, ein absoluter Klassiker unter den kalten Speisen, die man selbst in der kleinsten Spelunke spät nachts noch bekommt. *Utopenci* sind in Essig und Gemüse eingelegte Würstchen, sauer im Geschmack und mit einigen Scheiben Brot gereicht. Ebenfalls gern gegessen wird der *Nakládaný hermelín*, also in Öl und Knoblauch eingelegter Käse, in den filigranen Varianten gefüllt mit einer süßen Schicht aus Fruchtaufstrich. Man würde es sich zu einfach machen, wenn man den *Hermelín* als bloße Camembert-Imitation bezeichnete – er kommt ihm zwar sehr nah, pflegt aber dennoch seine eigene Identität, die schon beim Namen anfängt. Für den kleinen Hunger gibt es dann noch *Topinky,* geröstete und mit Knoblauch bestrichene Graubrotscheiben, die einfach so gegessen oder mit verschiedenen Beilagen serviert werden.

Die tschechische Küche, diese Pauschalisierungen galten zumindest bis vor einiger Zeit noch uneingeschränkt, spart nicht mit Fett, Knoblauch und Gewürzen, dafür aber durchaus mit Gemüse, sie ist deftig und sehr fleischdominiert. Jenseits der kleinen Speisen zum Bier merkt man diese Tendenz natürlich auch den Karten der Restaurants an, sei es in Prag, sei es auf dem Land: Schweinebraten mit Kraut und böhmischen Knödeln ist ein Standard, ebenfalls sehr bekannt ist *Svíčková,* der Lendenbraten vom Rind, der in einer Sahnesoße mit Preiselbeeren gereicht wird, deren Kaloriengehalt vermutlich den Energiebedarf einer erwachsenen Person für mindestens drei Tage deckt. Dazu kommen Schnitzel, vom Schwein, vom Kalb, vom Hähnchen, Kartoffeln in allen Aggregatzuständen und Formen, und natürlich in der Tat Knödel, Knödel, immer wieder Knödel. *Bramboráčky*, auch *se sýrem a šunkou,* also »Kartoffelpuffer«, auch »mit Käse und Schinken«, sind ebenfalls oft zu finden, ebenso das klassische Gulasch, ursprünglich natürlich ein österreichischer Import. Wer sich bei so viel Fleisch nach Alternativen sehnt, der wird sich über die Beilage in Form von *Šopský salát* freuen, ein traditioneller Gemüsesalat mit Schafskäse, der wiederum aus Bulgarien seinen Weg auf die mitteleuropäischen Speisekarten gefunden hat. Eher zu Besuch bei Freunden habe ich auch schon öfter *Smaženice* gegessen, ein ebenso günstiges wie beliebtes Gericht: Zumeist selbst in den tschechischen Wäldern gesammelte Pilze vielerlei Art werden mit Eiern, Butter und Zwiebeln gekocht, was einen erstaunlich wohlschmeckenden Mischmasch ergibt. Bis heute habe ich übrigens noch nicht herausgefunden, welche Pilze genau ich da eigentlich immer esse. Alles eben, was die böhmischen Wälder so hergeben. Auch hartnäckige Nachfragen, nach welchen Kriterien denn gesammelt wird, haben bislang nichts geholfen und wurden meist mit Schweigen und ironischem Lächeln kommentiert. Andererseits blieben mir rauschhafte Zustände bisher ebenso erspart wie unrauschhafte Vergiftungen. Manchmal allerdings, da präsentierte sich mir die böhmische Küche schon als Erlebnisgastronomie: Vor einigen Jahren machte ich einen längeren Spaziergang in Mittelböhmen und setzte mich in den Biergarten einer kleinen Dorfkneipe. Damals sprach und verstand ich noch weniger Tschechisch als heute, aber während es mir in Prag deutlich weniger peinlich war, auch mal auf Englisch oder Deutsch zu bestellen, wollte ich es in dieser Dorfkneipe wissen. So nahm ich als Vorspeise etwas, das mir vom Klang her interessant vorkam und sich später als, sagen wir mal, berüchtigter Suppenklassiker erwies, nämlich eine *Dršťková polévka*. Sogar als der Kellner mir die Schale auf den Tisch stellte, war ich noch guter Dinge. Ich vermutete, nachdem ich die Suppe in Augenschein genommen hatte, nach wie vor allen Ernstes Hähnchenstücke in der Brühe, aber nach dem ersten Bissen wusste ich es besser: Ich hatte eine Kuttelsuppe bestellt. Sicherlich mit qualitativ hochwertigem Pansen von einstmals glücklichen tschechischen Rindern, aber das machte die Sache nicht besser. Seither traue ich mich tatsächlich nachzufragen. Denn damals wiederum, und mehr möchte ich darüber nicht schreiben, traute ich mich natürlich nicht mal, die ganze Suppe einfach stehen zu lassen und den Dorfkneipenkoch ohne Grund vor den Kopf zu stoßen.

Recht häufig hörte ich bis vor einigen Jahren übrigens noch von zahlreichen Speckvorfällen, ich bin mir sicher, dass sie sich auch heute noch dann und wann ereignen: In einer Prager Kneipe wurde vegetarisches Essen bestellt, doch schon auf den ersten Blick war ersichtlich, dass das Servierte dem nicht entsprach. Speckstücke glänzten mit dem Gemüse um die Wette. Die Nachfrage beim Kellner förderte eine ebenso bestürzte wie betroffene Antwort zu Tage: »Na ja, aber der Speck ist doch nur Gewürz. Gut für den Geschmack.«

Immerhin, bei den Nachtischen sieht es für vegetarische Esserinnen und Esser besser aus, da hat auch die traditionelle Küche einige Alternativen zu bieten – vermutlich ausschließlich, weil sich Fleisch eben schlecht in Süßspeisen mogeln lässt. Gut sind beispielsweise immer wieder *Palačinky,* also »Palatschinken«, österreichische Tradition, meinem Geschmack nach immer dann perfekt, wenn sie etwas dünner sind als Pfannkuchen und etwas dicker als ein Crêpe. Gefüllt wird mit allem, was die süße Palette zu bieten hat, Früchte, Eis, Quark, Konfitüre, Schokolade, dann wird zusammengerollt, dann kommt Schlagsahne, und zwar auf keinen Fall zu wenig.

Tatsächlich spielt das Essen in Kneipen und Restaurants meiner Beobachtung nach eine große Rolle im Alltag der Tschechinnen und Tschechen. Während die Lebenshaltungskosten zum Beispiel in Prag in fast allen Bereichen sprunghaft angestiegen sind, gehen die Preise in den meisten Kneipen und Restaurants recht moderat nach oben. Man kann es sich noch leisten, mehrmals die Woche in der Kneipe zu essen. Ob die Qualität der Produkte immer die höchsten Maßstäbe erfüllt, steht natürlich auf einem anderen Blatt, aber dennoch: Ein Essen in der Kneipe kann manchmal günstiger sein, als im Supermarkt einzukaufen und sich an den Herd zu stellen.

So weit also die erweiterte Folklore über die tschechische Küche, so weit die gängigen Klischees in Theorie und Praxis – an denen natürlich nach wie vor viel dran ist. Dazu passt auch ein Zitat des ehemaligen Staatspräsidenten Václav Klaus, der sich übrigens unter anderem dadurch auszeichnet, dass er ein ganzes Buch über die vermeintliche Lüge des Klimawandels geschrieben hat. Der streitbare Ex-Präsident hatte eine ebenso eindeutige wie eindringliche Botschaft gleich an sämtliche Vegetarierinnen und Vegetarier seines Landes: Salat sei eine linke Abweichung, sagte er mal. Salat sei Anti-Essen.

Doch der präsidiale Ratschlag konnte nicht verhindern, dass sich das Image der tschechischen Küche in den letzten Jahren langsam, aber kontinuierlich ändert. Mittlerweile ist sogar die vegetarische Auswahl in Kneipenrestaurants deutlich größer geworden, und dazu kommt ein Trend, der sich besonders in Prag beobachten lässt: Vegane Cafés und vegane Restaurants eröffnen in der ganzen Stadt, von einer veganen Restaurantkette gibt es gar schon mehr Lokale als in ganz New York City. Die Qualität der Lebensmittel wird besser, der Umgang mit den Speisen bewusster. Besonders die junge und alternative Generation der Tschechinnen und Tschechen lässt sich im wahrsten Sinne des Wortes nicht mehr abspeisen mit viel Fett und Fleisch aus Massenproduktion.

Eine Freundin von mir, die ich noch als glühende Verfechterin von Fleisch mit Fleisch und Fleisch als Hauptgericht kennenlernte, ist vor einer gewissen Zeit Veganerin geworden. Sie sagte mir gegenüber mal etwas, das Dichtung und Wahrheit über die tschechischen Essgewohnheiten ganz gut auf den Punkt bringt: »Alle denken, dass wir ein großer Schwejk sind, der ständig Würstchen und Hamburger isst.«

Aber so simpel ist das eben nicht mehr. Der Opa jener Freundin bereitet ihr bei Besuchen separat und ganz selbstverständlich Gemüse mit Reis zu, während der Rest der Familie traditionell bekocht wird. Nur ihren Vater kann sie mit Sojagulasch wohl niemals versöhnen, denn vor 1989, erzählte mir die Freundin, war Soja das fade und billige Ersatzprodukt, wenn Fleischmangel herrschte.

Interessant ist am Angebot der veganen Lokale in Prag, dass sie nicht ausschließlich auf die internationalen Speisen setzen, die überall in den europäischen Hauptstädten serviert werden. So widersprüchlich die Kombination aus modisch veganer und traditionell böhmischer Philosophie auch klingen mag, es gibt zarte Annäherungsversuche. Sojaschnitzel mit Kartoffelpüree gehören ebenso zu den Neukreationen wie vegane Semmelknödel mit Seitanbraten. Vielleicht noch kein radikaler kulinarischer Wandel, auf jeden Fall aber ist es ein spürbarer Ruck, der durch die Prager Restaurantküchen geht. So erweist sich die böhmische Küche im neuen Jahrtausend insgesamt als weniger traditionell und wesentlich spannungsreicher, als man es im ersten Moment vermuten würde. Erst recht gilt das natürlich für Prag, aber mindestens aus Brünn und Ostrava weiß ich, dass auch dort mehr und mehr alternative Lokale entstehen, die auf ihren Karten oftmals Traditionelles mit neuen Ideen kombinieren. Insofern kann ich letztlich auch nicht die Empfehlung für *das* eine Gericht abgeben, das man unbedingt probiert haben muss. Nur einen Ratschlag will ich noch loswerden: *Dršťková polévka* sollte in der Tat nur dann bestellt werden, wenn man ausgesprochener Liebhaber von Innereien ist. Mit einem *Smažený sýr* hingegen ist man eigentlich immer gut beraten. Denn, und das sage ich als echter Experte nur hinter vorgehaltener Hand und nur ein einziges Mal, mit einer funktionierenden Fritteuse sollte bei diesem Essen nicht so viel falsch laufen.

Eine Nicht-Führung durch das Zentrum und die Altstadt: Ungeprüfter Touristenführer V

Zwei Stunden zu spät, sagen Sie? Ich dachte, es wäre nur eine Stunde! Um Gottes willen, die Zeitumstellung! Das tut mir leid. Das ist mir unangenehm. Das hätte mir einfach nicht passieren dürfen. Wollen Sie vielleicht ein Bier? Oder zwei? Nein? Jetzt auch nicht mehr? Jetzt wollen Sie gar keine Führung mehr, weil Sie sich alles schon selbst angeschaut haben? Sind Sie jetzt sehr böse?

Lassen Sie es mich bitte wenigstens erklären: Ich weiß, Sie haben lange gewartet. Ich weiß, ich habe mich Ihnen gegenüber ungebührlich benommen. Ich weiß, die Ausrede gilt nicht, dass ja sogar Franz Kafka hier in Prag oft viel zu spät auf dem Fahrrad zu Verabredungen angefahren kam. Lustig, oder? Nicht?

Ich weiß, ich bin nicht Kafka, sondern nur ein Touristenführer, ein nicht zertifizierter. Ich weiß, Sie sind jetzt wahrscheinlich sauer und hungrig nach Knödeln und durstig nach Kaffee und wollen nichts mehr von mir wissen. Aber ich bitte Sie von Herzen, mir wenigstens kurz zuzuhören und ein bisschen nachsichtig mit mir zu sein. Sie sind im Urlaub, aber ich bin es nicht. Als Touristenführer hat man auch kein leichtes Leben in einer schweren Stadt wie dieser hier, das können Sie mir ruhig glauben! Und unser heutiger Ausflug hat mir schlaflose Nächte bereitet, hat mich zu Dingen getrieben, zu denen ich mich sonst gar nicht in der Lage sehe. Ich habe es Ihnen ja schon gesagt, ich liebe diese Stadt wirklich sehr. Aber das Zentrum, das Zentrum, wäre da nur nicht das Zentrum! Gut, vielleicht habe ich mich übernommen und überschätzt, als ich im Vorfeld großspurig versprach, mit Ihnen die gesamte Innenstadt in kürzester Zeit zu erkunden, all das zu sehen, was man ein Mal im Leben gesehen haben muss. Aber ich schwöre Ihnen, ich wollte heute pünktlich zum vereinbarten Treffpunkt kommen. Ich wollte mit Ihnen den *Altstädter Ring* anschauen und mit Ihnen dabei sein, wenn sich die zwölf Apostel zur vollen Stunde an den Fensterchen der *Astronomischen Uhr* zeigen. Ich wollte alles in einem Rutsch erledigen, wissen Sie, die *Teynkirche* und das kubistische *Haus zur schwarzen Mutter Gottes,* ich hätte Sie Ihnen alle gezeigt und zielsicher benannt, die goldenen Einhörner und steinernen Glocken! Und den *Pulverturm*? Auf jeden Fall! Und das *Ständetheater*? Hätten wir gemacht! Wir hätten uns den Bibliothekssaal des *Clementinums* angeschaut und die *Bethlehemskapelle*, wir wären zusammen durch *Josefov* spaziert, die Josefstadt, das alte jüdische Viertel, wo ich Ihnen etwas zur Legende vom *Prager Golem* erzählt hätte.

Und später wollte ich mit Ihnen, gewissermaßen als Höhepunkt, über die *Karlsbrücke* lustwandeln und mit Fingerzeigen nach rechts und links alles, alles, alles erklären, was Sie sonst im gedruckten Touristenführer nachlesen müssten. Anekdotenreich und mit kleinen Scherzen versehen. Sogar einen Abstecher ans Ufer der Moldau hätten wir unternommen und wären zum *Tanzenden Haus* gegangen, ich hätte geglänzt mit einem modernen Abschluss, ich hätte Sie mit einem Lächeln in den Prager Tag entlassen, und Sie hätten zurückgelächelt und gedacht: »Ach, unser Touristenführer ist doch ein ausgemachter Teufelskerl. Lassen wir die Trinkgelder in Strömen fließen, lassen wir ihn hochleben, fassen wir ihn an Armen und Beinen, werfen ihn in die Luft und fangen ihn wieder auf; gönnen wir ihm das, wo er doch noch über seinen Schatten gesprungen ist und uns all die touristisch überlaufenen Attraktionen so geschickt dargebracht hat, dass wir das Gefühl bekamen, sie würden nur für uns allein existieren.«

Doch es kam anders. Als ich mich auf dem Weg zu unserem Treffpunkt befand – und ich war wirklich gut in der Zeit, ich hätte sogar noch einen Puffer von einer Viertelstunde gehabt, um meinen Vortrag über das Zentrum und die Altstadt noch diamantener zu schleifen, als er ohnehin schon war – da war ich in großer Unruhe, die mich in Verlegenheit brachte: Würden Sie mir glauben, was ich sage?

Ich atmete also, als ich den innersten Stadtkreis betrat, drei Mal kräftig durch und machte einen Schritt. Ja, ein kleiner Schritt für einen Menschen, aber ein großer Schritt für den Touristenführer, der im Laufe der Jahre doch so eine Furcht vor dem Altstädter Treiben entwickelt hat. Sie sollte nicht grundlos gewesen sein: Kaum steckte ich in der ersten Menschentraube fest, erfasste mich der hypnotische Blick einer Schlange – denn dort saß, vor dem Schaufenster eines Ladens, der *Original Böhmisches Kristallglas* zu astronomischen Preisen anbot, wirklich ein Schlangenbeschwörer. Der allerdings nicht ganz bei der Sache war, weil er zeitgleich mit Geldbündeln hantierte, weshalb sich sein immenses Reptil ganz und gar auf mich fixieren konnte. Ich trat einen Schritt zurück und versuchte, mich vom Anblick der Schlange, die dem Schlangenbeschwörer gehörte, der eigentlich ein Geldwechsler war, loszureißen, und schon traf mich der Schlag: Ein segwayfahrender Stadtbesucher hatte mich erwischt. Doch bevor ich überhaupt mit ihm zanken konnte, zog mich jemand hoch und stellte mich zurück auf die Beine – es war ein als Strauß verkleideter Zeitgenosse, der Werbung betrieb für einen Massagesalon. Und ob Sie es glauben oder nicht, er sah mich an, ich sah ihn an, und es trafen sich die Blicke der Leidenden. Er hakte sich, die Befiederung seines Straußenkostüms abstreifend, bei mir unter und zog mich in eine ganz und gar leere Seitengasse, und ich, noch ganz betört von den Augen der magischen Schlange, noch ganz benebelt vom Sturz durch das magische Fahrzeug, folgte ihm bereitwillig. Wir betraten eine Kneipe, die so früh schon geöffnet hatte, wir setzten uns an einen Tisch, und schon stand das Bier vor uns, und ich dachte, fünfzehn Minuten, du hast nur fünfzehn Minuten, reiß dich zusammen, aber nach dem ersten Schluck, da war ich verloren. Wir redeten und tranken uns um Kopf und Kragen. Den ganzen Tag, erzählte er mir, verteile er Visitenkarten und sei er den Blicken der Flanierenden ausgesetzt. Den ganzen Tag dieses Prag, den ganzen Tag diese Altstadt, den ganzen Tag das Dröhnen und Lachen aus den goldenen Gässchen, als hätte sich der ganze Lärm der Welt dort versammelt. Manchmal, sagte der Straußenmann, da folgten ihm die Touristengruppen bis in die Träume, und alle müssten dieselben Kostüme tragen wie er, und einmal, sagte der Straußenmann, da habe er von Straußeneiern geträumt und von einem riesigen Palatschinken, der aus ihnen zubereitet war – und den er unter den

Augen einiger strenger Herren habe verzehren müssen, und dann... seine Stimme brach. Manchmal, sagte der Straußenmann, da stelle ich mir vor, wie es wäre, die Stadt an beiden Enden anzuzünden. Ich sah ihn ungläubig an. Aber erst an Karneval, sagte er, lachte los, schlug mir auf die Schulter und setzte mir seinen Hut aus Straußenfedern auf den Kopf.

Wir sprachen über die Illusionskunst dieser Altstadt, der es ja immer noch gelang, die Menschen – wie die Schlange, die mich in ihren Bann gezogen hatte – reihenweise zu hypnotisieren, sie in viel zu teure Läden, viel zu teure Restaurants, viel zu teure Massagesalons zu treiben. Wir lobten das restliche Prag pauschal, und nach dem zweiten Bier, da stützten wir uns aneinander ab, da machten wir uns Mut, da sagten wir uns, dass wir das durchstehen werden. Als ich das nächste Mal auf die Uhr sah, da wusste ich, dass ich verloren hatte. Den Kampf mit der Altstadt auf jeden Fall, und noch dazu auch Ihre Gunst. »Sei ehrlich zu ihnen«, sagte der Straußenmann, bevor er mir den Federhut vom Kopf nahm und sich selbst wieder aufsetzte, »sag ihnen die Wahrheit, dann werden sie Gnade mit dir walten lassen.«

Wir verabschiedeten uns mit einer Umarmung, und so stehe ich jetzt also hier. Und kann nur hoffen, dass Sie mir verzeihen.

Kafka reloaded: Was der Prager Jurist der Stadt bis heute beschert

»K. war telephonisch verständigt worden, daß am nächsten Sonntag eine kleine Untersuchung in seiner Angelegenheit stattfinden würde. Man machte ihn darauf aufmerksam, daß diese Untersuchungen regelmäßig, wenn auch vielleicht nicht jede Woche, so doch häufig, einander folgen würden. Es liege einerseits im allgemeinen Interesse, den Prozeß rasch zu Ende zu führen, anderseits aber müßten die Untersuchungen in jeder Hinsicht gründlich sein und dürften doch wegen der damit verbundenen Anstrengung niemals allzulange dauern.«

Der Kapitelanfang aus Franz Kafkas Roman *Der Prozess* spricht schon Bände: Es sind vertrackte und bürokratische Systeme, denen der arme Mensch ohnmächtig ausgeliefert ist – warum und weshalb, das kann er nur erahnen: Ob jener K., der im *Prozess* verhaftet wird und niemals erfährt, worin seine Schuld eigentlich besteht, ob in *Das Schloss*, wo der Landvermesser doch eigentlich nur in jenem Schloss zu tun hat, aber niemals ans Ziel gelangt, ob in *Die Ver-*

wandlung, deren bemitleidenswerter Protagonist Gregor Samsa sich morgens nach dem Aufwachen als Käfer in seinem eigenen Bett wiederfindet: Ein falscher Schritt genügt, und man ist gefangen in einer Maschine, deren Mechanik nicht zu begreifen ist, in einem seltsamen Traum, aus dem es kein Aufwachen mehr gibt. Das also ist Kafka. Und er ist gar nicht so weit weg von alledem, was auch Tschechien mitunter an Irrungen und Wirrungen zu bieten hat.

Aber zuerst zu den Fakten: Kafka ist in Prag geboren worden. Kafka hat in Prag gelebt und geliebt und gearbeitet. Er ist oft zu spät gekommen zu Verabredungen und hat sich bei Lesungen aus seinen eigenen Texten mitunter kaputtgelacht. Und es stimmt auch, dass es da dieses berühmte Zitat gibt, oft verkürzt wiedergegeben, in welchem Kafka sich zu seiner Heimatstadt äußert. Es stammt aus einem Brief an Oskar Pollak, nehmen wir uns die Zeit, es in voller Länge zu genießen: »Prag läßt nicht los. Uns beide nicht. Dieses Mütterchen hat Krallen. Da muß man sich fügen oder –. An zwei Seiten müßten wir es anzünden, am Vyšehrad und am Hradschin, dann wäre es möglich, daß wir loskommen. Vielleicht überlegst Du es Dir bis zum Karneval.«

Franz Kafka muss sich über seine Frechheit sehr gefreut haben – am Ende des Briefs verleiht er ihr nochmals Nachdruck, der letzte Satz an den Freund lautet: »Also, überleg es Dir bis zum Karneval.«

Ja, es gibt noch Wohnhäuser, in denen Franz Kafka gewohnt hat. Es gibt auch Gedenktafeln, es gibt ein Kafka-Museum, es gibt das Kafka-Grab auf dem Jüdischen Friedhof, es gibt viele Läden, die Kafka-Tassen und Kafka-T-Shirts verkaufen, auf denen Dinge gedruckt sind wie: »*Pan K. is not dead.*« Oder manchmal jene Zeichnung einer

Gestalt von hinten, sie trägt Hut und Mantel, sie bewegt sich im Schein alter Straßenlaternen über Kopfsteinpflaster bei Nacht, ein wenig schaurig, ein wenig romantisch, ein wenig von allem. Muss Kafka sein, muss Prag sein. Steht ja auch drunter. Das alles ist anschaubar, das alles ist greifbar. Das alles ist die touristische Seite.

Was Kafka wohl zu dem Karneval um seine eigene Person gesagt hätte? Vermutlich hätte er sich über das überbordende Interesse an seiner Person gewundert, sich aber auch gefragt, wie diese seltsame Diskrepanz zustande kommt: Da gibt es die kafkagierigen Besucherinnen und Besucher der Stadt, die K.-Groupies, die jeden Pflasterstein fotografieren wollen, auf dem Kafkas Schuh länger als eine Sekunde verweilte. Und da sind viele Einheimische, die mit Kafka wohl lange Zeit herzlich wenig anfangen konnten. Historisch bedingt: Zwar gab es nach dem Zweiten Weltkrieg bis in die Sechziger hinein Bestrebungen einer vertiefenden Kafka-Forschung, doch endete diese Kafka-Entdeckung mit der Niederschlagung des Prager Frühlings. In der Zeit nach 1968 waren Kafkas Texte praktisch verboten. In der Schule kam er nicht vor. Das änderte sich auch nach 1989 nur sehr langsam. Seit einiger Zeit liegt nun endlich auch Kafkas Gesamtwerk in tschechischer Übersetzung vor, und in den letzten Jahren kommt es mehr und mehr zu einem kleinen Boom, der besonders die jüngere Generation erfasst. Bücher wie *Der Prozess* und *Das Schloss* werden gelesen, eine viel beachtete Comic-Adaption des unvollendeten *Schloss*-Romans sorgte 2013 für Aufsehen.

Für mich ist es kein großes Wunder, dass es auch in der einheimischen Bevölkerung endlich eine Kafka-Entdeckung gibt, die jenseits der seit Jahrzehnten vorhandenen touristischen Aufmerksamkeit stattfindet. Denn Kafka, und ich habe meine Gründe so auf die Pauke zu hauen, ist wirklich überall. In Prag, in ganz Tschechien. Nicht als Tasse, nicht als Buch, nicht als Erinnerungstafel – sondern als tief prägendes Verhaltensmuster. Strukturen seiner Geschichten finden sich im ganz normalen Alltag wieder. Was nur zeigt, dass Kafka ein scharfer Beobachter seiner Zeitgenossen war, dass er, der übrigens hervorragend Tschechisch sprach, einige tschechische Wesenszüge messerscharf erfasst und in verklausulierter Form über sie geschrieben hat. Ist das schon zu viel der Interpretation? Ja? Wie gesagt, ich habe meine Gründe.

Vorweg lohnt sich ein interessantes Experiment, so unoriginell es auch zunächst anmuten mag: Beim ersten Besuch in Prag sollte man mindestens ein Kafka-Buch dabeihaben und lesen. Nächste Stufe: Zweiter Besuch, anderer Kafka-Roman. Letzter Schritt: Nach vielen Besuchen nochmals die Texte lesen. Das muss, einzige Bedingung, unbedingt in Prag oder woanders in Tschechien geschehen. Kennt man das Land schon eine Weile, dann wird man erstaunt sein über die prophetischen Fähigkeiten von Doktor Kafka. Denn seine Diagnosen stimmen auf unheimliche Art – zumindest in mancherlei Hinsicht.

Im Deutschen haben wir Kafka ja dieses Wort zu verdanken, das von der Bedeutung her allerdings relativ eng ist und oft in kulturellen Kontexten verwendet wird: kafkaesk. Das Tschechische verfügt über eine nahezu deckungsgleiche Übersetzung: *kafkovský*. Doch damit nicht genug, in der tschechischen Sprache existiert noch dazu ein Substantiv, und das umfasst sehr viel mehr Lebenssituationen, als man im ersten Augenblick vermuten mag: *Kafkárna*. Die wörtliche Übertragung würde vermutlich zur »Kafkaesken« führen, ich will es aber lieber als »Kafkarei« übersetzen.

Etwas Unheimliches, Absurdes, Verschleiertes, Verzwicktes, Unerklärliches, Aussichtsloses. *Kafkarei* ist auch der deutsche Titel einer übersetzten Erzählung von Bohumil Hrabal – wahrscheinlich kursierte das Wort aber schon in Surrealistenkreisen in der Zwischenkriegszeit, also gar nicht so lange nach Kafkas Tod. Hrabal sei dennoch mitbedacht, denn vermutlich würde er sogar applaudieren, wenn ich behaupte: Kafkareien jeglicher Art gibt es in hoher Dichte. Sowohl in Prag als auch im übrigen Land.

Ich hole ein bisschen aus für eine beispielhafte Kafkarei, die mir selbst passiert ist. An sich keine große Sache, das wurde sie erst im Nachhinein. Ich hatte mal ein Stipendium in Prag und schrieb Tag und Nacht. Natürlich nicht jeden Tag und jede Nacht, manchmal ging ich auch länger aus und musste somit mit der Nachtstraßenbahn zurück zu meinem Quartier fahren. Nun hatte ich damals noch ein Kurzstreckenticket bei mir, welches ich sogar pflichtbewusst abstempelte. Als hätte ich es im Gefühl gehabt, wurde ich prompt kontrolliert. »Das geht nicht.« – »Warum?«, fragte ich. »Das Ticket ist nicht gültig.« – »Es ist abgestempelt«, sagte ich. »Ja, nur nachts gilt es nicht.« – »Aber das steht doch nirgendwo«, antwortete ich. »Das geht trotzdem nicht.« Es ging noch eine Weile hin und her, langsam näherte ich mich schon meiner Haltestelle, aber der Kontrolleur ließ nicht locker, kam immer dichter an mein Ohr heran und sprach so leise, dass ich ihn fast kaum noch verstehen konnte: »Es geht nicht, hören Sie, es geht nicht. Es geht nicht, weil es einfach nicht geht.« Ich konnte entweder einen längeren Aufenthalt auf der Polizeiwache riskieren, meinen Ausweis hatte ich natürlich nicht dabei, oder aber einige Hundert Kronen Strafe bezahlen, was ich letztlich tat.

Am nächsten Tag erzählte ich einer tschechischen Bekannten von meinem wahrlich kafkaesken Erlebnis – und sie beschloss, der Sache nachzugehen. Sie interessierte an meinem Fall natürlich insbesondere das *Warum*. Um kurz die Faktenlage zu schildern: In der Tat ist das Kurzstreckenticket zwar günstiger als ein normales Ticket, aber dafür darf man eben auch nicht so lang und so weit damit fahren. Irgendwo gab es auch eine klein gedruckte Fußnote in den Beförderungsbedingungen, welche die Nutzung in der Nacht ausschließt. »Aber keine Logik der Welt«, sagte meine Bekannte, »kann erklären, warum es nachts nicht gelten soll.« Es begann eine Odyssee durch verschiedene Abteilungen der Prager Verkehrsbetriebe. Denn meine Bekannte ließ nicht locker. An sämtlichen Stellen wurde Verständnis gezeigt. *Ja, es ist für einen Touristen schwer zu begreifen.* Es wurde relativiert. *Ja, die Regeln sind in der Tat etwas kompliziert.* Es wurde vertröstet. *Ja, das könnte wirklich transparenter gestaltet sein.* Es wurde aber auf die entscheidende Frage keine Antwort gegeben, auf das *Warum ist das denn nur so?*, stattdessen immerzu und in gleichem Tonfall: »Es geht nicht.« – »Und warum?« – »Weil es nicht möglich ist.« – »Und weshalb steht das nirgendwo klar und deutlich?« – »Da muss ich Sie verbinden, bleiben Sie bitte kurz in der Leitung. Das geht leider gerade nicht, das ist nicht möglich, können Sie vielleicht in einigen Minuten nochmals anrufen?«

Am Ende waren wir nicht einen Schritt weiter in der Angelegenheit. Ich hätte die Sache auf sich beruhen lassen. Der finanzielle Verlust war verkraftbar, ich hatte nicht zur Polizei gemusst und mich noch dazu über das Nachspiel in Form der ebenso end- wie resultatlosen Telefonate amüsiert. Meine Bekannte hingegen, mittlerweile viel aufgebrachter, als ich es jemals gewesen war, raufte sich die Haare, donnerte mit den Fäusten auf den Tisch, brach in eine Wutrede aus: »Wir schreiben einen Brief. Wir schreiben der Stadt. Wir schreiben dem Präsidenten. Es geht nicht, kannst du dir vorstellen, wie oft ich das zu hören bekomme? Lauter Es-geht-nichts, bis nichts mehr geht, keine Antworten, immer nur noch mehr Fragen, ich halte das einfach nicht mehr aus.« Tatsächlich, so schien es mir zum ersten Mal überhaupt an diesem denkwürdigen Tag, existierte das alles also vielleicht wirklich, und zwar nicht nur irgendwo oben auf dem fiktiven Schloss oder in den gewundenen Gängen eines allgegenwärtigen Gerichts, sondern überall in der Stadt: Ein verwirrendes System aus Bürokraten, aus Schlossboten und Gerichtsdienern musste es geben, die sich den ganzen Tag murmelnd gegenseitig umhertragen und nur manchmal ans Telefon huschen, aber wenn sie das tun, dann doch wiederum nur, um ihren einen Satz loszuwerden: »Es tut mir leid, aber es ist nicht möglich.«

Eine andere Geschichte konnte ich aus noch komfortablerem Abstand heraus erleben, war ich von ihr doch noch nicht mal in Form eines Kurzstreckentickets betroffen: Der Fernseher meiner Tschechischlehrerin war defekt. Zuerst berichtete sie mir nur beiläufig davon, doch im Laufe der kommenden Wochen spitzte sich die Lage zu. Bedenken wir die Banalität eines Fernsehgeräts in einer Prager Wohnung. Sie trieb meine arme Lehrerin fast in den Wahnsinn. Diese Kafkarei kostete sie nicht nur zwei sinnlose Reisen von Deutschland nach Prag, irgendwann steigerte sich die TV-Affäre, es ging um Abholnummern und Abholzettel und Abholzeiten, um missverstandene Anliegen und falsch bearbeitete Anfragen, es ging irgendwann um nichts anderes mehr als um dieses eine Gerät. Das Gespinst der Kafkarei hatte sich über die gesamte Existenz eines armen Menschen gelegt, der doch eigentlich nichts anderes haben wollte als einen funktionierenden Fernsehempfang.

Wie gesagt, für mich sind diese Kafkareien alle noch recht amüsant, ich muss sie ja nicht tagtäglich erleben. Würde ich dauerhaft in Tschechien wohnen, das haben mir schon viele meiner Freunde gesagt, mein tiefromantischer Blick würde sich spätestens dann eintrüben, wenn ich selbst in die Mühlen einer unerwartet auftauchenden Kafkarei geraten würde. Obwohl ich natürlich immer mitleide, wenn mir aus Tschechien neue Absurditäten zugetragen werden, die schlichtweg jede Vorstellungskraft sprengen: Unwahrscheinliche Verwechslungen und endlose Auseinandersetzungen, die immer zum Gegenteil des gewünschten Resultats führen, natürlich häufig – zumindest scheinbar – ohne bösen Willen, gesteuert von einer fremden und doch menschlichen Macht, die Kafka allzu gut kannte.

Weniger banal, aber doch ausgesprochen erwähnenswert an dieser Stelle: Die tschechische Politik ist immer wieder gut für Kafkareien aller Art. Das reicht von unzählbaren Korruptionsaffären über den Bau eines unermesslich teuren Tunnels quer durch die Stadt, dessen Fertigstellung sich so lange verzögerte, dass er am Ende gar keinen so positiven Effekt mehr auf den Verkehr hatte, es hört auf mit einer Oberbürgermeisterwahl im Stadtparlament, die, obwohl schon klar ist, wie sie ausgehen wird, von morgens bis abends dauert, weil permanent Abgeordnete nicht anwesend sind und erst, ich spekuliere mal, von Schlossbediensteten herbeigetragen werden müssen.

Noch eine Kafkarei springt mir sogleich ins Auge, vielleicht die signifikanteste, bedeutsamste, intimste, und ja, kafkaeskeske: Wir wissen ja aus seinen literarischen Zeugnissen, sei es aus den Romanen, sei es aus den Tagebüchern, sei es aus den Briefen, sehr genau, dass Franz Kafka durchweg schwierige Beziehungen führte. Dass es mit der Liebe nicht so recht klappte, jedenfalls niemals so ganz, dass Verlobungen und Entlobungen sich gewissermaßen die Klinke in die Hand gaben, dass Kafkas Fazit am Ende aller Liebesschwüre und Irrungen und Wirrungen oftmals lautete: *Das geht nicht.* Nun bin ich selbst nicht ganz unbedarft hinsichtlich komplizierter zwischenmenschlicher Beziehungen (wobei ich mir gerade ernsthaft die Frage stelle, ob eigentlich Tschechien mich erst so gemacht hat) und ich habe immer ein offenes Ohr für meine tschechischen Freundinnen und Freunde. Gerade deshalb kann ich aus vollem Herzen sagen, auch wenn ich mich jetzt ganz kafkaesk um Kopf und Kragen rede: In der tschechischen Liebe ist Kafka fast überall. Noch nie habe ich von so komplizierten und verzwirbelten und zugleich natürlich mit Temperament und Leidenschaft geführten Beziehungen gehört, an denen immer mindestens zwei, öfter aber auch mehr Leute beteiligt sind, noch nie sah ich so viele Tränen, die schon bald wieder getrocknet waren, weil die existenzielle Beziehungskrise entweder doch nicht so existenziell war – oder es aber bereits eine neue Liebschaft gab. Unentschiedenheit und Entschlossenheit, Nähe und Zurückweisung, plötzliches Glück bis ans Ende des Lebens, das sich schon bald wieder ins Nichts aufgelöst haben kann wie der morgendliche Nebel über der Moldau.

Deshalb nun also zum Schluss noch die ganz besondere Erweiterung des Leseexperiments: Hat man sich in eine Tschechin oder einen Tschechen verliebt und möglicherweise irgendwann sogar wieder entliebt, dann sollte man sich in ein Prager Souterrain zurückziehen und Kafkas gesammelte Werke am Stück lesen. Man wird, das kann ich versprechen, mit offenem Mund staunen. »Liebe ist, daß du mir das Messer bist, mit dem ich in mir wühle«, schreibt der Autor selbst. Dem ist wirklich nichts hinzuzufügen. Höchstens noch: *To je kafkárna*. »Wie kafkaesk.«

Karlsbader Blues:
Sprudelstadt im Regen

Ich war nicht besonders gut drauf. Ich hätte einfach nicht am allerletzten Tag des Sommers nach Karlsbad kommen sollen. Es war heiß, als ich bei strahlendem Sonnenschein in Prag in den Zug stieg. Die Fahrt dauerte etwas mehr als drei Stunden für eine Strecke von nicht mal einhundertdreißig Kilometern. Aber vielleicht wird ja doch alles gut, dachte ich, während ich aus dem Zugfenster schaute und die Wohnsiedlungen immer weniger und die Landschaft immer mehr wurde, vielleicht ist das ja genau das richtige Tempo, vielleicht muss man schon von vornherein die Geschwindigkeit drosseln, wenn man unterwegs ist an einen Ort der Erholung. Nicht irgendein Ort, sondern das bekannteste Kurbad der ganzen Tschechischen Republik: *Karlovy Vary*, Karlsbad. Rund 50000 Einwohner und im Laufe der Jahrhunderte von mindestens ebenso vielen Prominenten und Berühmten und Reichen und Schönen besucht. Der Legende nach entdeckte Karl IV. die heilsame Kraft der Quellen, als einer seiner Hunde auf der Jagd nach einem Hirsch in die heißeste Quelle weit und breit stürzte – und sich dabei nicht verbrühte, im Gegenteil, das Wasser heilte all seine Wunden. Der Kaiser Karl eilte sogleich zum Ort des Wunders, badete in dem Wasser und gesundete ebenso rasch wie seine hündische Begleitung.

Die ganze Region gehört zu den beliebtesten Reisezielen Tschechiens – zumindest bei Besuchern, die auf Erholung und Gesundung aus sind: *Karlovy Vary* liegt im sogenannten Bäderdreieck. Nirgendwo auf der Welt gibt es auf verhältnismäßig kleinem Raum so viele zugängliche Mineralquellen wie in Marienbad (*Mariánské Lázně*), Franzensbad (*Františkovy Lázně*) und eben Karlsbad. Am Rande, ein schräger Einstieg in die Welt der Kuren und Quellen ist sicher der französische Filmklassiker *Letztes Jahr in Marienbad* von Alain Resnais aus dem Jahr 1961. Der wurde, obwohl er dort spielt, zwar nicht im Bäderdreieck gedreht, sondern größtenteils in Deutschland, aber als kleine Einführung in die große Bäderkunde ist er trotzdem geeignet. Wie teilt es schon die Stimme ganz am Anfang des Streifens mit: »Salons, überladen vom Zierrat einer anderen Zeit. Schweigende Säle, deren schwere Teppiche die Schritte des Schreitenden im eigenen Ohr verbergen …«

Während sich der Regionalzug durch die böhmischen Kleinstädte und Dörfer schleppte und ich mich langsam also jenem Zierrat einer anderen Zeit näherte, sortierte ich mein Wissen über *Karlovy Vary*: Aus Karlsbad kommt gutes Wasser. Aus Karlsbad kommt der Becherovka, der wohl berühmteste tschechische Kräuterlikör. Aus Karlsbad kommen die Oblaten. Die Stadt ist für tschechische Verhältnisse ziemlich teuer und beliebt bei deutschen Besuchern, noch beliebter wohl bei russischen Gästen; sie kamen nicht nur als Touristen, oft sind sie auch geblieben, haben Immobilien gekauft und prägen heute das Bild der westböhmischen Kurstadt nachhaltig.

Zu den finstersten Details von *Karlovy Vary* gehört die Zeit des Nationalsozialismus – und auch deren Auswirkungen: Konrad Henlein, damals Vorsitzender der *Sudetendeutschen Partei,* erarbeitete im Auftrag von Adolf Hitler das sogenannte *Karlsbader Programm,* welches er im April 1938 in Karlsbad vorstellte. Der Acht-Punkte-Plan forderte unter anderem eine Gleichberechtigung der deutschsprachigen Minderheit als Volksgruppe in der Tschechoslowakei – mehr oder weniger unverhohlen war das Ziel damals schon klar: Das Land sollte zerschlagen und letztlich okkupiert werden, was schon wenige Monate später geschah. Nach dem Zweiten Weltkrieg und dem Ende der grausamen NS-Herrschaft wiederum wurde in Folge der *Beneš-Dekrete* auch im Bäderdreieck die deutschsprachige Bevölkerung vertrieben.

Nach dem Ende der sowjetischen Okkupation des Landes im Jahr 1989 hat sich Karlsbad auf Hochglanz gebracht und so Imagepflege betrieben, die weit über Europa hinaus Wirkung gezeigt hat: Touristengruppen aus der ganzen Welt besuchen Karlsbad heute, und das wohl vor allem wegen der Quellen. Im 16. Jahrhundert kam ein Arzt auf die Idee, dass das Karlsbader Thermalwasser nicht nur exzellente Wirkung hat, wenn man, wie einst Kaiser und Hund, darin badet, sondern, dass es erst recht seine Kraft entfaltet, wenn es getrunken wird. So gehört das Trinken bis heute zum Hauptbestandteil einer Kurbehandlung. Und obwohl ich eigentlich nicht so richtig an die heilsame Wirkung von heilsamem Wasser glaube: All die Patientinnen und Patienten der vergangenen Jahrhunderte können nicht kollektiv irren. Angeblich hilft das Wasser der verschiedenen Quellen nicht nur bei der Stärkung des Immunsystems und der Verbesserung des Allgemeinbefindens, sondern bei der Behandlung von Krankheiten des Verdauungstrakts ebenso wie bei Übergewicht, Wirbelsäulenproblemen und Zahnfleischerkrankungen. Unter anderem.

Auch ich würde es widerwillig probieren. Aber wenn sich das Wohlgefühl nicht schon nach dem ersten Schluck einstellen sollte, so nahm ich mir vor, würde ich mich zur Seelenpflege und Ablenkung direkt ins *Vánoční dům* begeben, ins »Weihnachtshaus« – die sicherlich kurioseste Karlsbader Attraktion, die ich bei der Vorbereitung meiner Reise entdeckt hatte. Dort wird das ganze Jahr über Weihnachten gefeiert. Mit Liedern und mit einem Tannenbaum und mit einer ständigen Verkaufsausstellung von Christbaumschmuck, Kerzen und Krippen. Und ich hatte da ja noch ein Ass im Ärmel, im wahrsten Sinne des Wortes – die von mir auserkorene inoffizielle Karlsbader Kurbehandlung, nennen wir sie *Adrenalinschub,* nennen wir sie *Aderlass,* aber dazu kommen wir später.

Kurz vor der Ankunft des Zuges in Karlsbad hatte sich der Himmel verdunkelt, nahm ich meine Reisetasche und ging zur Tür. Neben mir sah ich eine Frau, die ein T-Shirt mit dem Konterfei von Audrey Hepburn trug – das Porträt der berühmten Schauspielerin war versehen mit Ohrringen und einer Krone aus Strass. Und so hatte ich Hepburns melancholische Stimme im Ohr, und das passte gut zu all den Stars und Sternchen, die Karlsbad schon gesehen hatten. Mit der Melodie von *Moon River* im Kopf betrat ich *Karlovy Vary*, ich summte mit, während sich der Himmel über der Kurstadt immer weiter verfinsterte. Vielleicht sollte ich an dieser Stelle die Karten auf den Tisch legen: Nicht nur der allerletzte Tag des Sommers schlug mir aufs Gemüt. Noch dazu war ich ebenso unglücklich verliebt.

Der Anblick des Bahnhofs erleichterte mich ein wenig. Nichts zu spüren vom Bäderprunk und Kurkitsch, den ich nach dem Ausstieg aus dem Zug erwartet hatte. Eher kleinstädtische Tristesse, wie ich sie gern mag. Wenn ich die Bahnhofsanlage als etwas schlicht beschreibe, dann ist das eine Untertreibung. Ich freute mich darüber, denn ich muss gestehen: Ich habe eigentlich eine natürliche Abneigung gegen Heilbäder und verordnete Erholung. Aber zugleich wollte ich *Karlovy Vary* endlich eine Chance geben. Irgendwas musste ja dran sein.

Man kann den Weg vom höher gelegenen Bahnhof hinunter zur Stadt durchaus gemütlich zu Fuß bewältigen, nimmt man sich Zeit, dann dauert es vielleicht zwanzig Minuten ins Zentrum. Man schaut von oben auf das Stadtgebiet und bekommt einen ersten Eindruck von den endlosen Wäldern und hügeligen Wanderwegen um Karlsbad herum. Und man kann sehen, dass hinter der polierten Fassade tatsächlich noch ganz alltägliches Leben stattfindet. Der Blick streift die Plattenbauten in der Ferne, man sieht günstige Supermärkte, man überquert die Autobahn. Eigentlich unwichtige Details, nicht aber hier: Während meines Aufenthalts in Karlsbad musste ich mich in der Tat manchmal daran erinnern, dass es neben dem schmucken und scheinbar vollkommen autonom existierenden Zentrum auch noch eine für den Besucher geradezu verborgene Seite der Stadt gibt. Doch ich war ja gerade dafür gekommen. Um mich dem sagenumwobenen Kurbetrieb hinzugeben. Um das mitzumachen, was schon Generationen vor mir taten und wohl auch viele Generationen nach mir noch erleben werden: Wasser trinken, um zu gesunden.

Irgendwann erreichte ich den Fluss Teplá, der durch das Stadtzentrum führt. Vor dem *Hotel Thermal*, einem zwischen 1967 und 1976 im Stil des *Brutalismus* erbauten Gebäude, blieb ich stehen. Der gewaltige Komplex dient jährlich als Zentrum für das Filmfestival Karlovy Vary, das seit 1946 stattfindet und zu einer der ältesten und renommiertesten Filmschauen der Welt gehört. Die Liste der prominenten Besucher ist so lang wie umfassend, Whoopi Goldberg, Sharon Stone, John Malkovich, Antonio Banderas, Robert de Niro und so weiter. Sie alle sahen, was auch ich jetzt sah: die ersten Karlsbader Palmen. Und direkt gegenüber den Palmen drehte sich an einer Säule ein Plakat, auf welchem eine Apotheke für ihre Cannabisprodukte warb.

Nun hatte ich die unsichtbare Grenze überschritten. Die wirkliche Welt verschwand, und an ihre Stelle trat der surreal anmutende Karlsbader Kosmos. Ich passierte die ersten Verkaufsstände, ich begutachtete die ersten Porzellangefäße, die man, so die Empfehlung in der offiziellen Werbung der Stadt, bei sich haben sollte, wenn man vom Quellwasser probiert: Die typischen Schnabeltassen, gern angeboten in Form von Hunden und Katzen und Clowns. Mein Quartier erreichte ich gerade noch trockenen Fußes und sah das Wetterleuchten über den Hügeln in der Ferne, dann kamen die ersten Tropfen, und die Sonne verschwand, fast für den ganzen Rest meines Aufenthalts.

Draußen tobte sich der Regen aus, es begann ein heftiges Gewitter, und ich las mich durch einige Details der Karlsbader Geschichte von der Vergangenheit bis zur Gegenwart: Der russische Zar Peter der Große beispielsweise kurte im 18. Jahrhundert mehrmals in Karlsbad – und da er, so sagt es die Historie, von zupackendem Charakter war, half er einen ganzen Tag lang den Maurern bei der Errichtung des Hauses *U Páva,* »Zum Pfau«. Kaiserin Maria Theresia, las ich, liebte Karlsbad über die Maßen, besuchte den Ort oft und gern und unterstützte die Sprudelstadt großzügig. Casanova hingegen kam mit Finanzschwierigkeiten nach Karlsbad, als er schon älter war. Und Goethe? Den konnte ich noch nie richtig leiden, und so erfüllte es mich mit einer gewissen Genugtuung, dass auch er den Herzschmerz in Karlsbad kannte: Hier hatte er sich als alter Herr in die neunzehnjährige Ulrike von Levetzow verliebt. Die Zuneigung währte einige Jahre, dann aber wies sie ihn endgültig ab, und Goethe verließ Karlsbad und kehrte nie wieder nach Böhmen zurück. Das Karlsbader *Who is who* lässt sich beliebig fortsetzen, ich fragte mich bei meinen Streifzügen durch die Stadt, ob es überhaupt ein Gebäude hier gibt, das nicht von einer großen Persönlichkeit gebaut, bewohnt oder wenigstens ein Mal besucht worden ist. Beethoven und Paganini, Karl Marx und Mustafa Kemal Atatürk, Sigmund Freud und Frank Sinatra: Sie alle waren hier, und sie alle sind dem Karlsbader Charme erlegen – wollte denn wirklich nur ich nichts von ihm wissen?

Am nächsten Morgen zog ich meine Regenjacke an und machte einen längeren Spaziergang. Die Mitarbeiterin an der Rezeption meines Hotels freute sich überschwänglich über mein nun wirklich nicht besonders gutes Tschechisch – das würde sie nicht oft erleben, sagte sie. Denn tatsächlich stimmen natürlich gerade in Karlsbad manche Klischees: Schon nach wenigen Minuten hatte ich den Eindruck, dass die Stadt in erster Linie aus russischen und deutschen Touristengruppen besteht. Und diese beiden Besucherscharen, so mein allererster Rechercheeindruck, vermischen sich eher selten, betrachten sich eventuell sogar mit einer gewissen Skepsis. Irgendwann lief ein deutsches Paar vor mir, wir passierten gerade ein recht nobles Auto, und ich hörte folgendes Gespräch mit an: »Guck, Russland«, sagte sie und zeigte auf das Kennzeichen. »Ja, klar,« sagte er. »Dicke Karre«, sagte sie. »Ja, klar«, sagte er. »Lenkradkralle«, sagte sie. »Ja, klar«, sagte er.

Zuerst wollte ich bei meinem Rundgang den Ort der Orte sehen, wo alles angefangen hat mit Kaiser und Hund: In der *Vřídelní kolonáda* schießt der *Vřídlo*, der berühmte Sprudel, bis zu zwölf Meter in die Höhe. Um den Sprudelbrunnen herum wurden im Laufe der Jahrhunderte immer wieder neue Kolonnaden errichtet. Mal drang der Wasserstrahl in einem prächtigen Barockbau bis unter die Decke, später dann in einer provisorischen Kolonnade aus Holz. Heute ist die Sprudelkolonnade nicht zu übersehen, ein funktionalistischer Klotz, errichtet in der Zeit des Sozialismus. Ausgerechnet dieser im Blick auf die Kurgeschichte bedeutsamste Ort passt architektonisch so gar nicht zum lieblichen Rest des Stadtkerns – gerade deshalb hat das wirklich nicht besonders schöne Gebäude aber seinen Reiz, gewissermaßen als Relikt der historischen Realität inmitten des zeitlosen Kurgeschehens.

Ich weigerte mich natürlich, ein Porzellangefäß in Form von Katze, Hund oder Clown zu kaufen, stattdessen hatte ich den Plastik-Zahnputzbecher aus meinem Hotelbadezimmer dabei, um eine Portion des Heilwassers zu trinken. Das Wasser des Sprudels wird in der Kolonnade heruntergekühlt, man hat drei verschiedene Zapfmöglichkeiten, nämlich 72 Grad, 50 Grad und 30 Grad. Ich entschied mich für das heißeste Wasser; wenn schon, denn schon. Ich trank, wobei ich mich an die Anweisungen für den richtigen Konsum des Heilwassers hielt: Im Gehen, ja, im langsamen

Schreiten ist es zu trinken, damit die Bewegung zur Gesundung beiträgt. In der Tat war es gar nicht schlecht, von dem seltsam schmeckenden Wasser zu trinken, in der Tat fühlte ich mich gleich ein bisschen besser, in der Tat weiß ich allerdings auch, dass ich manchmal leicht manipulierbar bin in dieser Hinsicht und kein schlechter Placebo-Kandidat. Obendrein hatte ich mich nahezu an keines der *zehn Gebote* gehalten, die Karlsbad in seinen offiziellen Prospekten für Kurgäste festgehalten hat. So darf das Wasser nur nach Rücksprache mit einem Kurarzt konsumiert werden und das Trinken ausschließlich aus Porzellan- oder Glastrinkbechern erfolgen, man soll sich in guter seelischer Verfassung befinden, die Kur ist keinesfalls mit Alkohol oder Zigaretten zu kombinieren und somit zu konterkarieren, die ganze Behandlung zieht sich ohnehin über mehrere Wochen hin, und, ganz wichtig, jedes Trinken des Quellwassers muss man als einen kleinen Festakt begreifen.

Immerhin, ich fühlte mich schon nach einem Zahnputzbecher des warmen Trunks ein wenig wacher, vitaler, geradezu erblüht; vielleicht brauchte es also in meinem Spezialfall die *zehn Gebote* gar nicht. Nach meiner Trinkkur stieg ich in den Untergrund der Sprudelkolonnade, wo es sehr warm und feucht ist. Man schaut tief in die Geschichte und Mechanismen der Quellwassergewinnung, außerdem kann man dabei zusehen, wie ein beliebtes Karlsbader Souvenir hergestellt wird: Das mineralhaltige Wasser wird nämlich zur Versteinerung genutzt, beispielsweise von Rosen. Es ist ein langer Prozess, an deren Ende die Karlsbader Steinrose steht. Und so sah ich der Prozedur des Versteinerns zu, wieder und wieder floss das Wasser über die Rosen, und ich nahm den Vorgang als Zeichen, doch am richtigen Ort zur richtigen Zeit zu sein: Unglücklich verliebt in Karlsbad, was passte besser dazu als eine Rose, die langsam zu Stein wird?

Meine Sentimentalität ließ ich aber nun im Untergrund des Sprudels, die Wirkung des Wunderwassers setzte mehr und mehr ein und ich beschloss, in kürzester Zeit so viel von diesem Karlsbad zu sehen, wie ich konnte. Mein Feuereifer erfuhr allerdings gleich einen Dämpfer, das Museum zur Geschichte der Stadt war geschlossen. Renovierungsarbeiten weit über den nächsten Sommer hinaus, las ich, während Handwerker lange Holzbohlen aus dem Gebäude trugen. Ebenfalls ein Sanierungsfall, allerdings ein wirklich imposanter und aufregender, ist das *Císařské lázně,* das Kaiserbad, auch genannt *Lázně I.,* Bad Nummer eins. Ende des 19. Jahrhunderts im Pseudorenaissance-Stil erbaut, wirkt es wie ein herrschaftlicher Palast. Jahrzehntelang beherbergte das Kaiserbad einen hochmodernen und riesigen Kurbetrieb, schon die Rezeption im Foyer ähnelt eher dem Empfangsbereich eines luxuriösen Hotels als dem eines Kurhauses. In den Neunzigern verfiel das Kaiserbad auf üble Art und Weise, den Verfall kann man heute noch sehen und spüren, wenn man sich durch die unglaublich großzügigen Gänge bewegt und einen Blick in die Hallen wirft. Noch immer liegt der Geruch der Heilanwendungen in der Luft, noch immer hat man die Scharen von Kurgästen vor Augen, die sich in den Kabinchen und Kabinen und großen und kleinen Anwendungsbereichen tummelten – doch haben sich, man kann es riechen, Moder, Feuchtigkeit und Schimmel als unliebsame Kurgäste irgendwann in die Wände geschlichen. Nun wird das atemberaubende Gebäude Schritt für Schritt saniert und soll in absehbarer Zeit als Kulturzentrum dienen. Zu meinem Glück fand bei meinem Besuch gerade eine Ausstellung statt, und zu diesen

Anlässen ist das Gebäude in manchen Teilen für Besucher zugänglich, kann man von einem unermesslich prachtvollen Saal in den anderen schreiten, sich das Bad des Kaisers persönlich anschauen (das dieser übrigens zwar in Augenschein nahm, aber selbst nie genutzt hat) und zugleich erleben, wie der Zahn der Zeit an der ganzen Pracht genagt hat. Es klingt vielleicht komisch, aber gerade diese kleinen Brüche und Kontraste, die Störungen des Schönen waren es, die mich nach und nach immer mehr für Karlsbad einnahmen – allein der Wirkung des Wassers wollte ich das nicht zuschreiben.

Unbedingt sehenswert und nicht wegen Renovierung geschlossen war die Karlsbader Kunstgalerie. Man muss ein kleines Stück dem, ich gebe es zähneknirschend zu, wirklich elegischen *Goethova stezka*, dem Goethesteig, folgen, um zur Galerie zu gelangen – der beste Ausgangspunkt auch für längere Spaziergänge durch die Hügel und Wälder um den Kurort herum. Die Wanderwege sind akribisch gekennzeichnet, und man bekommt sogar Hinweise zur Dauer und zum Schwierigkeitsgrad der jeweiligen Strecken.

Mein Spaziergang endete allerdings schon nach einigen Metern vor der Galerie. So überschaubar sie im ersten Moment auch wirkt, hat die Sammlung doch einen wunderbaren Querschnitt der tschechischen Kunst des 20. Jahrhunderts zu bieten; daneben auch wechselnde Ausstellungen tschechischer Gegenwartskünstler. Als ich die Galerie besuchte, war es schon später am Nachmittag, ich hatte nur noch eine knappe Stunde Zeit, um mir die ganzen zwei Etagen anzuschauen. Doch die Museumswärter erwiesen sich als exzellente Ratgeber: Ich war der einzige und letzte Besucher, und so kamen sie immer wieder unaufdringlich genau zur richtigen Zeit zu mir, wenn ich mich zu lange in einem Saal aufhielt. Im diskreten Flüsterton erzählten sie mir dann von den sehenswerten Werken in den anderen Räumen und führten mich dorthin. Am Ende konnte ich mir so tatsächlich in nicht mal einer Stunde alles anschauen.

Auf dem Weg zurück merkte ich, dass dieses *Karlovy Vary* in der Tat ganz schön geschickt funktionierte: Es war in der Lage, sogar einen entschiedenen Kurstadtgriesgram wie mich, noch dazu versehen mit Melancholie, ganz langsam um den Finger zu wickeln. Ich ging zwar vorbei an den teuren Luxusgeschäften, Boutiquen und kleinen Einkaufszentren aller Art, die ich nicht mochte. Doch musste ich mir eingestehen, dass es recht charmant war, in der Nähe der Quellorte zu verweilen, inmitten von Kurgästen oder Straßenverkäufern die Zeit vergehen zu lassen, sich auf eine Bank an der Teplá zu setzen und dem Fluss beim Fließen zuzuschauen, von der Marktkolonnade zur Mühlbrunnenkolonnade zur Gartenkolonnade zu schreiten, ja, irgendwann läuft man nämlich nicht mehr in Karlsbad, sondern man schreitet. Hätte das berühmte Kurorchester jetzt noch aufgespielt, ich hätte mir doch noch eine Schnabeltasse aus Porzellan gekauft und mich ganz und gar in die Fänge der heilsamen Kurbehandlung treiben lassen.

Aber so entspannt konnte ich ja gar nicht sein, hatte ich mir doch für meinen Karlsbader Besuch noch eine spezielle Kurprozedur überlegt, meine kleine Dosis Adrenalin eben, die ihre Wirkung nicht verfehlen sollte: Am Abend schaute ich mir das *Grandhotel Pupp* an. Der altmodische Ausdruck vom *ersten Haus am Platz* trifft es in diesem Fall sehr gut, es ist ein Luxushotel im alten Stil, es strahlt schon äußerlich ungeheuren und der Zeit enthobenen Prunk aus.

Müßig natürlich, auf die Liste der Gäste einzugehen, nennen wir der Form halber einen der berühmtesten Bewohner: Ludwig van Beethoven residierte einst im Pupp. Das verlor zur Zeit des Kommunismus seinen Namen – es wurde verstaatlicht und hieß bis 1989 *Grandhotel Moskva*. Übrigens, drunter macht Karlsbad es nicht, das Grandhotel Pupp ist natürlich längst geadelt und fester Bestandteil der Filmgeschichte geworden: Im James-Bond-Streifen *Casino Royale* heißt es zwar *Hotel Splendid* und soll in Montenegro liegen, aber dennoch: Nirgendwo anders als im Restaurant des Karlsbader Hotels erfindet 007 einen Drink namens *Vesper Cocktail*, um seiner weiblichen Begleitung zu imponieren.

Nun interessierten mich das Restaurant und die Zimmer des Grandhotels Pupp im Augenblick weniger, vielmehr wollte ich einer Kurbeschäftigung nachgehen, die auch schon eine gewisse Tradition in Karlsbad hat: Ich ging, rein zu Recherchezwecken, ins Kasino. Ich hatte die Kreditkarten in meiner Unterkunft gelassen, um nicht allzu folgenschwere Fehler zu begehen, ich hatte nur eine begrenzte Menge an Bargeld bei mir, 1500 Kronen etwa (55 Euro), und die wollte ich am Roulettetisch vermehren oder verspielen. Noch nie in meinem Leben hatte ich Roulette gespielt, das Karlsbader Kasino im Grandhotel ist vermutlich einer der besten oder schlechtesten Orte, um damit anzufangen: Kostbare Teppichböden, schummriges Licht, eine pompöse Deckenbemalung. War das die Hölle, war das der Himmel? Gleich nach dem Betreten des Kasinos merkte ich also, dass es gut war, nur eine begrenze Anzahl an Scheinen in der Hosentasche zu haben. Ich nahm einen Drink und sah vom Sessel aus dem Treiben an den Tischen zu, die schon bespielt wurden. An die traute ich mich nicht heran, so eilig wurde gezockt und gesetzt und gewonnen und verloren, so viel Geld in so kurzer Zeit verschwand in den dafür eingelassenen Schlitzen im Tisch. Alles umwölkt vom Qualm der Zigaretten und Zigarren, angepeitscht von Statistiken auf Monitoren in Sichtweite der Spieltische, so oft kam Rot, so oft kam Schwarz, so selten die Dreiundzwanzig und so häufig die Fünf.

Irgendwann dann setzte auch ich mich an einen Platz, der Croupier hatte den Tisch gerade eröffnet, und meine unbeholfenen Nachfragen beantwortete er so sanft wie möglich und so neutral wie nötig. Eine Viertelstunde lang sah er mir zu, wie ich mit meinen schwitzigen Händen die kleinstmöglichen Jetons auf Farben setzte, dann wechselte der Croupier. Manchmal kam ein älterer und nervöser Herr vom Nebentisch, warf wie getrieben gleich mehrere Zweitausend-Kronen-Scheine auf den Tisch, nannte seine Zahlen und verlor das ganze Geld innerhalb von Sekunden. Dann widmete er sich wieder seinem richtigen Spiel nebenan. Ich hingegen behielt die Nerven – wie 007 persönlich hatte ich beim Setzen jetzt ein Pokerface, nahm ich einen Schluck von meinem Drink und gewann. Und gewann. Und gewann. Als ich meinen Einsatz immerhin verdreifacht hatte, wurde ich mutig. Und verlor. Und verlor. Und verlor.

Nach einem weiteren Drink spuckte mich das Grandhotel wieder aus, stand ich an diesem Abend in *Karlovy Vary,* sah ich einige Paare beim späten Spaziergang, die sich leise unterhielten und selbstverständlich schritten, nicht liefen, ging ich durch die penibel sauberen Straßen und hörte dem Zirpen der Grillen zu, die sich in den Kolonnaden versteckten. Ich hatte keine einzige Krone mehr in der Tasche. Ich dachte an James Bond, ich dachte an Audrey

Hepburn und ihre Krone aus Strass, ich dachte an *Moon River,* ich dachte an versteinerte Rosen und wem ich sie schenken könnte, ich dachte, dass ich das nächste Mal nicht am Ende des Sommers und nicht unglücklich verliebt nach Karlsbad kommen sollte.

Wie auf Bestellung setzte jetzt ein unerbittlicher Regen ein. Ich hätte es gerade noch in meine Unterkunft geschafft, doch wollte ich einfach noch nicht ins Bett. Also lief ich die Teplá entlang, rasch waren die Wege menschenleer, ging ich ganz allein durch *Karlovy Vary*, spürte ich, wie der Regen es längst durch meine Jacke geschafft hatte. Ich lief bis an den Rand des Zentrums, und dann traute ich meinen Augen nicht: Vor einem so spät noch geöffneten Restaurant stand ein mittelalter Mann vor seinem Keyboard und spielte, hielt sich eine mittelalte Frau an ihrem Mikrofonständer fest und sang. Die Plätze des Lokals waren zwar überdacht, aber an keinem einzigen Tisch saß noch jemand. Nicht mal die Kellner waren zu sehen. Der Regen prasselte mittlerweile auf die Dächer und es blitzte in der Ferne. Und die blondierte Dame und der Herr im schwarz schimmernden Anzug sangen und spielten gegen den Schauer an und gegen das Donnergrollen in der Ferne. Ein tschechischer Schlager, ich verstand *Paradies*, ich verstand *Frühling*, ich verstand *Liebe*. Da war er nun also, mein Karlsbader Blues. Und das Wasser lief mir mittlerweile in den Nacken und aus den Augen. Ich blieb einfach stehen und hörte weiter zu, als wäre das die Karlsbader Prozedur, die für mich ausgewählt worden war, die nur auf mich gewartet hatte.

Die Ruhe im Lärm.
Vinohrady und Vršovice:
Ungeprüfter Touristenführer VI

Zu Beginn unserer heutigen Tour durch die Straßen Prags (übrigens war ich diesmal pünktlich, wenn Sie dies bitte zur Kenntnis nehmen wollen) habe ich mir gleich einen fulminanten Einstieg überlegt – es hat nämlich seinen Grund, dass wir Metro gefahren sind. Wir stehen jetzt auf dem *Náměstí Míru*, dem Friedensplatz, und vielleicht ist es Ihnen gar nicht aufgefallen, aber wir sind nicht nur an der tiefsten Metrostation der gesamten Europäischen Union ausgestiegen, wir haben zugleich auch eine der EU-weit längsten Rolltreppen auf dem Weg nach oben überwunden. An dieser Stelle dürfen Sie gern applaudieren.

Was ich Ihnen heute zeigen möchte, das vermuten Sie vielleicht noch nicht, wo wir von Verkehr und Straßenbahnlärm umringt hier auf dem *Náměstí Míru* stehen: eine Art von Ruhe. Zwar wird das Rauschen der Stadt nicht ganz verschwinden, werden Sie das Geräusch der anfahrenden und abfahrenden Straßenbahnen fast in jeder noch so kleinen Gasse hören, aber dennoch, Vinohrady fühlt sich für mich oft an wie ein etwas gediegener Sonntagsspaziergang.

Der Name des Stadtteils weist schon auf die *Weinberge* hin, die hier seit dem Mittelalter standen. Bis heute gehört Vinohrady, das fällt Ihnen gleich auf, wenn Sie durch die Straßen spazieren, zu den besten Gegenden Prags – das hat eine lange Tradition, die man den zahllosen prunkvollen Wohnhäusern ansieht. Das Viertel ist sehr lebendig: Besonders bei Zuzüglern und Expats erfreute sich Vinohrady schon in den Neunzigern ausgesprochener Beliebtheit, daran hat sich bis in die Gegenwart hinein nichts geändert. Und trotzdem, so erging es mir zumindest oft, kann man in Vinohrady sogar ein bisschen Stille finden.

Von dieser Stille spürt man, nähert man sich Vinohrady vom Nationalmuseum aus über die laute *Vinohradská,* zuerst noch nicht so viel. Ein historisch bedeutsames Haus ist es allerdings wert, den Fußweg auf sich zu nehmen: der Gebäudekomplex des tschechischen Rundfunks, in welchem bis heute tagtäglich Programm gemacht wird. 1968 fand dort eine der bekanntesten Demonstrationen von Bürgerinnen und Bürgern gegen die Invasion der Sowjettruppen statt. Straßenblockaden aus Fahrzeugen sollten den Marsch der Besatzungstruppen verhindern. Zum Symbol für die Demonstration am Gebäude des Rundfunks ist das Foto eines brennenden sowjetischen Panzers geworden. Doch der erbitterte Widerstand blieb ohne Erfolg: Es kam zu einer blutigen Auseinandersetzung, bei der mindestens zehn Menschen ihr Leben verloren.

Parallel zur *Vinohradská* verläuft neben der *Korunní* auch die *Slezská*. Wenn Sie ein Flanierprojekt durch Vinohrady verfolgen wollen, dann ist es letztlich egal, welcher der parallelen Straßen Sie den Vorzug geben. Auf dem Weg zum

Náměstí Míru oder gleich in die Stadt bin ich schon alle drei Varianten gelaufen, und alle drei Wege haben sich auf ihre Art gelohnt. Ein gutes Café findet sich übrigens fast überall in Vinohrady.

Sollten Sie Ihre Flanierpausen lieber draußen verbringen wollen, bietet Vinohrady auch dafür mehrere Alternativen: Zwei der schönsten Parks der Stadt befinden sich hier. Einerseits gibt es die *Riegrovy sady*, den Rieger Park, an der Grenze zu Žižkov – ein großzügiges Areal mit Waldflächen, Schattenplätzen, einem Biergarten und einem wunderbaren Blick auf die Stadt. Im Sommer sind die Wiesen auch spät am Abend noch voller Menschen, ist der nächtliche Blick auf Prag fast noch schöner als bei Tageslicht. Der zweite Park verbindet Vinohrady wiederum mit dem Stadtteil Vršovice: Die *Havlíčkovy sady* (Havliček-Park) sind nach dem *Stromovka*-Park auf der anderen Seite der Moldau die zweitgrößte Parkanlage der Stadt. Die vielen kleinen Wege durch die *Havlíčkovy sady* lösen, je nach Tageszeit, das Versprechen von Ruhe inmitten der Metropole tatsächlich ein. Von den Pragerinnen und Pragern wird der Park auch nur kurz *Grébkovka* genannt. Denn dass es ihn heute überhaupt gibt, verdankt sich der Entscheidung des Industriellen Moritz Gröbe, der im 19. Jahrhundert sein Anwesen dort errichten ließ. Die imposante und nach toskanischem Vorbild errichtete *Villa Gröbe* steht heute noch.

Sollte es sich für Sie irgendwann im Park ausflaniert haben, dann bietet sich von den *Havlíčkovy sady* aus ein Stadtteilwechsel an. Das Viertel Vršovice ist zu Fuß in wenigen Metern erreicht. Und dort wiederum können Sie eine ganz andere Art von Geschichte erleben: Die *Krymská* ist eine der Straßen Prags, die sich in den letzten Jahren in unglaublichem Tempo verändert hat. Dem äußeren Anschein nach ist sie einfach nur eine steile und schmale Straße mit vielen alten Häusern, doch haben sich Cafés und Kneipen angesiedelt, entstand in der *Krymská* also weit ab vom Zentrum ein bei jungen Einheimischen wie Besuchergruppen beliebter Hotspot des neuen Prag. Die große Zeit der *Krymská*, so habe ich kürzlich in einem Blog gelesen, der sich mit den coolen Seiten der tschechischen Hauptstadt beschäftigt, sei schon wieder vorbei. Doch reihen sich immer noch einige Cafés aneinander, ist das vegane Restaurant am Anfang der Straße immer noch regelmäßig sehr gut besucht, gibt es in den Lokalen der *Krymská* immer noch fast täglich Lesungen, Konzerte oder DJ-Sets.

Ein guter Abschluss also, falls es Ihnen in den Parks von Vinohrady zu ruhig werden sollte. Und für die Qualität des Kaffees in der *Krymská* lege ich sogar als unabhängiger Touristenführer meine Hand ins Feuer.

Alois: Der Mythos der tschechischen Eisenbahn und wohin er uns bringt

Die tschechischen Züge sind, sehen wir mal vom durchaus mit dem ICE vergleichbaren *Supercity* und manchen *Intercity*- oder *Eurocity*-Verbindungen innerhalb des Landes ab, in aller Regel gemütlich unterwegs. Das ist ihr Reiz, das ist ihr größter Vorzug. Den Rekord in Langsamstgeschwindigkeit stellt dabei sicher der *Osobní vlak* auf, der Regionalzug, der mitunter wirklich an jeder böhmischen und mährischen Gießkanne hält. Dicht gefolgt vom *Spěšný vlak*, dem Eilzug, der es auch nicht allzu eilig hat, aber wenigstens ab und an auf einen Halt verzichtet. Sehr gängig, um in der Geschwindigkeitslogik zu bleiben, ist der *Rychlík*, der Schnellzug für mittlere oder längere Strecken im Land. So wahnsinnig schnell ist allerdings auch der schnellste Schnellzug nicht. Aber das macht das Zugfahren innerhalb Tschechiens ja so schön. Wie sagte es ein Freund von mir mal in Bezug auf die langsamen Reisen im Land? »Wir Tschechen lesen deshalb so viel, weil selbst die Fahrt von Prag nach Pilsen für ein halbes Buch reicht.«

Nach einigen Jahren der begeisterten Bahnfahrerei plädiere ich deshalb sehr dafür, für Reisen durch das Land nur dann die – ohnehin nicht so häufig existierenden – Hochgeschwindigkeitsstrecken zu nutzen, wenn man es wirklich eilig hat. Neben dem *Supercity* der Tschechischen Bahnen konkurrieren mittlerweile gleich mehrere Privatunternehmen um Fahrgäste. Die Fahrt von Prag nach Ostrava war kürzlich Gegenstand eines derartigen Preiskampfes, dass man die immerhin über 350 Kilometer lange Strecke in dreieinhalb Stunden für nicht mal fünf Euro im sehr luxuriösen Großraumwagen zurücklegen konnte.

So angenehm das auch manchmal sein mag: Das Erlebnis am Zugfahren in Tschechien ist die Wiederentdeckung der Langsamkeit. Luxuriöse Großraumwagen mit Lederpolstern sind dafür gar nicht notwendig. Tschechische Reisende, so meine Beobachtung nach einem Jahrzehnt in den Zügen des Landes, schätzen das gute alte Sechserabteil. Ja, sie ziehen es dem Großraumwagen sogar vor. Dabei haben sie eine ausgesprochene Zuneigung zur Bahn als Transportmittel. Was sicher auch daran liegt, dass die Fahrten mit den Tschechischen Bahnen nach wie vor und auch außerhalb der neu entstandenen Konkurrenzsituation wirklich sehr günstig sind. Das Streckennetz ist sehr dicht, sogar die meisten kleinen Dörfer verfügen noch über eine Anbindung an den Zugverkehr. Wenig bekannt ist, dass Tschechien in dieser Hinsicht in der Weltspitze mitspielt: Rund 9500 Kilometer umfasst das Schienennetz, und das bei einer Landesgesamtgröße von gerade mal 79 000 Quadratkilometern. Damit liegt das Land gemeinsam mit der Schweiz ganz vorn im weltweiten Eisenbahnvergleich. Deutschland hat bei einer Fläche von 357 000 Quadratkilometern 33 500 Schienenkilometer zu bieten. Gewissermaßen das Sahnehäubchen auf dem ohnehin schon dichten Streckennetz: Auch von den Tschechischen Bahnen betrieben wird ein Zug, der gar keine Schienen braucht. Die Linie Nummer 900 überwindet eine Höhendifferenz von mehr als 400 Metern und kann maximal fünfunddreißig Personen transportieren – es handelt sich hierbei um die Seilbahn, die auf den *Ještěd* führt, den Hausberg von *Liberec*, von Reichenberg, auf dem sich ein imposantes Hotel befindet und wo man sich beim beständigen Pfeifen des Windes dem Himmel in der Tat recht nah fühlt. Rund vier Minuten dauert die Fahrt mit der einzigen von den Tschechischen Bahnen betriebenen Seilbahn. Ich selbst hatte auch mal das Vergnügen einer Fahrt, hatte dabei aber meine Höhenangst gewaltig unterschätzt und stand die Angelegenheit nur zitternd und mit geschlossenen Augen durch, aber das ist ein anderes Thema.

Dass die Züge den Tschechinnen und Tschechen am Herzen liegen, spürt man bereits vor der eigentlichen Fahrt. Selbst kleinere Bahnhöfe verfügen allesamt über eine eigene Erkennungsmelodie, die bei der Ankündigung eines einfahrenden Zuges abgespielt wird. Die Durchsagen kommen fast ununterbrochen, was natürlich das Risiko minimiert, den eigenen Zug zu verpassen. Ich mag es sehr, wenn ich auf meinen Streifzügen durch das Land im Nahverkehr die ganz alten Züge erwische – man riecht, man sieht, man spürt förmlich die zurückgelegten Strecken der letzten Jahrzehnte, natürlich nicht nur das, zugleich bekommt man ein Gefühl für jeden geschafften Meter. Besonders komfortabel sind die alten Wagen nicht, jede Unebenheit, jede überfahrene Schwelle wird spürbar; im Sommer ist es zu warm und im Winter oft zugig, und meist ist der zu kleine Zug viel zu voll. Dafür aber erlebt man das Zugfahren auf eine altmodische, fast schon nostalgische Art. Einmal fuhr ich im tiefsten Winter abends aus Deutschland in Richtung Liberec. Der Zug, ein in die Jahre gekommener Schienenbus, sollte nach meinem Halt in Liberec noch weiter ins Isergebirge fahren. Es hatte so stark geschneit, dass es große Verspätungen gab, dass ich schon nicht mehr damit rechnete, überhaupt noch am selben Abend anzukommen. Doch vor dem kleinen roten Zug, dessen Lack schon abblätterte, stand ein Schaffner im Schneegestöber, der in seiner Uniform fast trotzig und in charmantem Deutsch verkündete: »Tanvald, wir fahren ab, so oder so!«

Doch sind solche nostalgischen Erlebnisse mit den Jahren naturgemäß seltener geworden, die umfassenden Modernisierungsmaßnahmen der Tschechischen Bahnen führen dazu, dass die Züge zeitgemäßer und bequemer werden. Man erkennt die neuen Bahnen schon mit einem Blick auf den Schriftzug an der Seite der Wagen, bei der Namensgebung bedienen sich Hersteller und Bahnbetriebe nämlich metaphernreich aus der Tierwelt: Die Doppelstockwagen, die besonders auf den Regionalstrecken von Prag aus verkehren, tragen den Namen *CityElefant,* auf den Verbindungen im Umland fährt mehr und mehr der *RegioShark,* und auch den relativ neuen *RegioPanter* habe ich schon in freier Wildbahn entdeckt.

Ob modern oder alt, ob lange Strecke oder kurze Strecke, ob mit Elefanten, Haien oder anderen Raubtieren, der günstigste Ausgangspunkt für eine Reise mit den Tschechischen Bahnen ist üblicherweise Prag. Zentrumsnah bieten sich zwei Abfahrtswege an, je nachdem, wohin man möchte: Während vom *Hlavní nádraží,* dem Hauptbahnhof, viele Regionalbahnen und sämtliche Fernzüge in Richtung Deutschland, Österreich, Ungarn, Polen oder sogar Russland fahren, erfüllt der innenstadtnahe *Masary-*

kovo nádraží heute vor allem eine wichtige Funktion im Nahverkehr. Benannt ist der Bahnhof nach Tomáš Garrigue Masaryk, dem Mitgründer und ersten Präsidenten der Tschechoslowakei.

Schon die Bahnhofsgebäude beider Stationen sind in ihrer Verschiedenheit unbedingt sehenswert. Beim Prager Hauptbahnhof prallt die Atmosphäre des zu Beginn des 20. Jahrhunderts vom Architekten Josef Fanta geplanten Jugendstilgebäudes zusammen mit der 1970 in eindeutig sozialistischem Stil angebauten Empfangshalle. Aufwendige Sanierungsarbeiten haben in den letzten Jahren dazu geführt, dass das allzu karge Grau der Empfangshalle ansatzweise freundlicher geworden ist, allerdings mit dem Nebeneffekt, dass sich auch der Prager Hauptbahnhof in ein mehr oder weniger genormtes Shoppingcenter verwandelt hat. Aber wenigstens noch in erträglichem Rahmen. Sehr erfreulich ist, dass sich die Filmhändler von der aktuellen Entwicklung nicht haben vertreiben lassen: An einem großen und auf den ersten Blick etwas dubios wirkenden Stand werden DVDs verkauft, die in vielen Fällen ein schöneres Last-Minute-Mitbringsel sind als eine lieblose Nachbildung der Karlsbrücke. Man findet viele Juwelen der tschechischen Filmkunst, noch dazu oftmals mit Untertiteln.

Eine angenehme Konsequenz der Renovierung betrifft den historischen Teil des Bahnhofs: Er kann nicht nur in altem Glanz besichtigt werden, mittlerweile ist auch das sagenumwobene und wunderschöne *Café Fanta* im ersten Stock des Jugendstilgebäudes wiedereröffnet worden.

Schaut man sich die Verbindungen vom *Hlavní nádraží* aus an und bedenkt man die Entfernungen, dann wird einem der Vorzug des verhältnismäßig kleinen Landes wieder bewusst: Viele tschechische Städte eignen sich von Prag aus für einen Tagesausflug. Pilsen ist in anderthalb Stunden erreicht, ins mährische Brünn dauert es nur eine Stunde mehr, und das mittelböhmische *Kutná Hora*, Kuttenberg, wo sich das berühmte *Sedlecer Beinhaus* befindet, ist nicht mal sechzig Minuten mit dem Zug entfernt. Es genügt sogar schon, einen der Vorortzüge zu nehmen und eine knappe halbe Stunde nach Černošice zu fahren – die große Stadt verschwindet schnell, und steigt man in dem kleinen Ort kurz hinter Prag aus, ist man mitten in der böhmischen Landschaft und direkt am Fluss. Hat man lange genug den Anglern zugesehen, dann kann man dem Weg nah an den Bahnschienen ein Stück folgen und die Prager Stadtgrenze zu Fuß überschreiten – um am nächsten oder übernächsten Bahnhof den Zug zurück ins Zentrum zu nehmen.

Der *Masarykovo nádraží* hingegen ist der einzige Kopfbahnhof Prags, der älteste Bahnhof der Stadt überhaupt. Er hat einen gänzlich anderen Charakter: Mitte des 19. Jahrhunderts erbaut, diente er im Laufe der Zeit auch als Fernbahnhof. Das Treiben hier ist heute sehr viel weniger geschäftig und eilig als im nicht weit entfernten Hauptbahnhof, der *Masarykovo nádraží* scheint etwas aus der Zeit gefallen. Auch Touristen sieht man hier ausgesprochen selten. Die Verbindungen führen in böhmische Kleinstädte, immer lohnenswert ist eine Fahrt nach Nymburk, wo der Schriftsteller Bohumil Hrabal viele Jahre seines Lebens verbrachte. Und sitzt man in einem Zug außerhalb Prags, der sich in Richtung des *Masarykovo nádraží* bewegt, beispielsweise aus der mittelböhmischen Industriestadt Kladno, hat man einen einmaligen Blick auf die tschechische Hauptstadt: Der Zug passiert zuerst den Prager Stadtteil Ruzyně, wo sich der Flughafen befindet, fährt dann weiter durch Vorortsiedlungen und das architektonisch noblere Viertel

Dejvice, bevor er schließlich vor der Ankunft im Bahnhof eine Moldaubrücke überquert, die einen Blick auf das Stadtpanorama ermöglicht, der sich vor keiner Postkarte verstecken muss.

Vom Zug aus sah ich an einem Bahnhof in der Nähe von Kladno mal eine der rührendsten Szenen, die der tschechische Bahnverkehr wohl zu bieten hat: Bei unserem kurzen Halt stieg die Schaffnerin aus dem Regionalzug, rannte zum Bahnhofsgebäude – und küsste den uniformierten Fahrdienstleiter ebenso flüchtig wie innig, um danach selbstverständlich trotzdem eine pünktliche Abfahrt zu gewährleisten. Hätten wir uns eine Verspätung eingehandelt, wer hätte es dem verliebten Paar verdenken können?

Zu den Fahrdienstleitern gibt es in Tschechien sowieso eine besondere Verbindung. Seit einigen Jahren kommt man nämlich an einer Figur nicht vorbei, wenn man die Geschichte der tschechischen Eisenbahnen erzählen will: Alois Nebel heißt der mittlerweile wohl berühmteste Bahnbedienstete seines Landes. Er ist die fiktive Hauptfigur des gleichnamigen Films, der zu einem wichtigen Teil der jüngeren tschechischen Kultur geworden ist – und nicht zuletzt eine große Hommage an die Eisenbahn darstellt, ohne dabei die düsteren historischen Aspekte auszublenden.

Jener Film fängt damit an, dass man die Stimme des Fahrdienstleiters Alois Nebel hört. Er murmelt Uhrzeiten und Bahnhofsnamen: »Jeseník 9:20 h. Lipová-Lázně zastávka 9:24 h. Lipová-Lázně 9:30 h. Bílý Potok 9:38 h.« Er wiederholt wieder und wieder die Fahrpläne, um sich selbst zu beruhigen. Denn der dichte Nebel liegt über Alois Nebel. Er hat Schreckensvisionen; die Erinnerungen und Bilder des Erlebten und Erlittenen lassen ihm keine Ruhe. Da sind

Deportationszüge voller Menschen, da ist der Blick des Kindes, das mit ansehen muss, wie ein Mann erschossen wird, ja, die ganze Last der düsteren Geschichte liegt auf seinen Schultern. Nur ist Alois eben kein Titan aus dem Atlas, sondern ein älterer Bahnbediensteter aus dem Altvatergebirge.

Alois Nebel, dieser vermeintlich schlichte und vermeintlich maulfaule Fahrdienstleiter aus den Bergen an der tschechisch-polnischen Grenze, dieser unbedeutende Mensch an einer unbedeutenden Bahnstation, der seine unbedeutende Katze tagtäglich füttert und viel zu oft am tropfenden Wasserhahn dreht, dieser Mann mit Schnauzbart, bemerkenswert starrer Mimik und unerzählbarem Schmerz in den Augen, dieser stillste aller denkbaren Antihelden ist für mich der Inbegriff einer tschechischen, ja, einer mitteleuropäischen Melancholie des 21. Jahrhunderts. Und das alles verbunden mit der Eisenbahn.

Irgendwann wird es Alois nämlich zu viel, lässt er sich auch von seinen Fahrplänen nicht mehr beruhigen, die er vor sich hin murmelt, das regelmäßige Rattern der Züge gegen das unregelmäßig pochende Herz, irgendwann hilft nichts mehr, irgendwann wird dieser Alois wahnsinnig, verliert er den Verstand im dichten Dunst des nicht schwindenden Vergangenheitsnebels. Und nicht nur das, er verliert auch seine Arbeit und sogar sein Häuschen, zwischenzeitlich verliert er sich selbst und landet in der Psychiatrie, denn niemand interessiert sich für sein kleines Leben. Alle haben andere Sorgen und andere Freuden, denn der Film spielt in der Epoche des großen Umbruchs Ende der Achtziger, zur Zeit der Samtenen Revolution.

Man merkt es schon an diesem Versuch einer Beschreibung: *Alois Nebel* ist ein komplexer Film, der die tschechische Geschichte des 20. Jahrhunderts am Beispiel eines Eisenbahners erzählt. Von der nationalsozialistischen Okkupation über die Vertreibung der deutschsprachigen Bevölkerung aus dem sogenannten Sudetenland bis hin zur kommunistischen Herrschaft und der erkämpften Freiheit im Jahr 1989. Es geht um das, was Menschen den Menschen angetan haben, was sie einander bis heute antun. Und Alois Nebel steht immer da in seiner Uniform. Sieht alles, weiß alles, versteht alles – aber anstatt zu explodieren, fehlen ihm schlichtweg die Worte. Alois trinkt Bier, Alois rasiert sich, Alois isst Suppe, Alois schweigt; Alois trinkt Bier, Alois füttert die Katze, Alois arbeitet, Alois schweigt; Alois trinkt Bier, und dann hat Alois irgendwann ein Schnapsglas in der Hand, und dann spricht er doch: »Auf die Freiheit«, grummelt er in die Runde. Und es ist ein so zutiefst hoffnungsvolles Freiheitsgrummeln, dass man all die bis dahin erduldete Düsternis vergisst.

Zur Welt gekommen ist dieser Alois in der Kneipe, wie könnte es anders sein. Und zwar, darauf legen die Schöpfer des Fahrdienstleiters wert, beim alkoholfreien Bier im Prager Lokal »Zum ausgeschossenen Auge« *(U vystřeleného oka)*. Dort dachten sich mein Freund Jaroslav Rudiš, einer der bekanntesten tschechischen Schriftsteller der jüngeren Generation, und Jaromír 99, Zeichner und Musiker, das Leben des wortkargen Fahrdienstleiters des Bahnhofs Bílý Potok aus. Jaromír 99 brachte die Geschichten aus dem rauen Altvatergebirge mit, der Gegend, aus der er stammt. Jaroslav Rudiš wiederum die Leidenschaft für die Eisenbahnen. Sein Großvater Alois war Weichensteller, sein Leben wurde ein Teil der Vorlage für die Figur. Damals beim alkoholfreien Bier, als plötzlich dieser Alois Nebel mit am Tisch saß, ahnten seine Erfinder wohl noch nicht, was sie sich mit diesem Typen eingehandelt hatten. Es blieb nämlich nicht bei gedruckten Comicstrips in Zeitschriften und Graphic Novels, es entstand auch ein Theaterstück über Alois Nebel und schließlich der Film, den Jaroslav Rudiš und Jaromír 99 gemeinsam mit Regisseur Tomáš Luňák realisierten. Der Streifen gewann den Europäischen Filmpreis; und mittlerweile ist sogar ein Regionalzug der Tschechischen Bahnen nach Alois Nebel benannt.

Ein fiktiver Fahrdienstleiter als Held, zu dessen Ehren nun ein Zug durch die Landschaft fährt – wo gibt es das schon? Im Film ist Alois Fahrdienstleiter am Bahnhof des Dorfs Bílý Potok – dieser Ort existiert zwar tatsächlich, doch hat er in Wirklichkeit keinen Bahnhof. Das haben findige tschechische Modellbahnfreunde aber mittlerweile geändert und den Bahnhof aus dem Film nachgebaut. Es gibt sogar Feste zu Ehren des Filmhelden, bei denen kostümierte Alois Nebels Autogramme geben.

Verliebte Bahnangestellte, die sich in der halben Minute des Aufenthalts ihrer Liebe versichern, benebelte Fahrdienstleiter und die Freude am Sechserabteil – all das gehört für mich zur Schönheit des Bahnfahrens in Tschechien. Es braucht nicht viel, um sie selbst zu erleben, allein ausreichend Zeit sollte man investieren. Man gewöhnt sich an die Langsamkeit, man lernt sie schätzen, man verliert sich an die Landschaft und die kleinen und kleinsten Bahnhöfe – bestenfalls vergisst man dabei, an welcher Station man aussteigen sollte. Macht aber auch nichts, eine Bahnhofskneipe oder eine Pension gibt es in nahezu jedem Dorf. Und falls nicht, weiß der ortskundige Fahrdienstleiter sicher Rat. Wenn er nicht gerade dabei ist, seine Katze zu füttern.

Bohumil: Eine alternative Chronik anhand der Bafler

An meinem allerersten Tag in Prag, ich erwähnte es bereits, bekam ich keine Kneipe zu sehen und auch kein Bier. Dafür aber das Innere eines Rettungswagens, der mich ins Krankenhaus Bulovka in den Stadtteil Libeň transportierte. Ich weiß noch, dass es ein bitterkalter Februartag war, und ich weiß noch, dass weder der Stadtteil noch das Krankenhaus mich berührte, für mich war es eben eine Klinik auf einem Berg in der Peripherie im Nebel. Und mir drehte sich alles. Dabei ist das Bulovka in Libeň einer der wichtigsten und zugleich traurigsten Orte der jüngeren tschechischen Geschichte.

Fast auf den Tag genau neun Jahre vor meinem Krankenhausaufenthalt spielte sich nämlich im Bulovka eine Tragödie ab. Es war der 3. Februar 1997, ein eiskalter und unerbittlicher Tag. Der Schriftsteller Bohumil Hrabal war damals 82 Jahre alt. Der Held der Helden, der Freund der Katzen, der schriftstellernde Biertrinker, aber darüber reden wir noch. Jedenfalls öffnete er das Fenster seines Zimmers auf der orthopädischen Station im fünften Stock des Bulovka. Von Gicht und jahrelangen Schmerzen geplagt. Ab diesem Augenblick gehen die Theorien auseinander. Wollte er wirklich nur die Tauben füttern, wie es seine Art war? Machte er eine falsche Bewegung, verlor das Gleichgewicht und stürzte in die Tiefe? Wahrscheinlicher ist, dass er aus freien Stücken sprang. Des Lebens müde, im wahrsten Sinne des Wortes. An diesem Tag starb nicht nur einer der bedeutendsten und fantasievollsten Autoren des Landes, jemand, der weit über Tschechien hinaus mit seinem Erzählen Literaturgeschichte geschrieben hatte – sondern zugleich auch die Ikone des Lebens in der Kneipe schlechthin. Über das, was im Anschluss passierte, gibt es allerlei Gerüchte. Fakt ist, dass einige Stunden nach Hrabals Tod die Eisenbahner in einen Streik traten, der das Land lahmlegte. Ob es allerdings stimmt, dass all das nur zu Ehren von Bohumil Hrabal geschah, das werden wir niemals herausfinden. Glücklicherweise. Ebenso wenig, ob tatsächlich an diesem Tag das Bier in manchen Kneipen bitter und salzig schmeckte, wie es das sonst nie tut – als wären die Gläser zuvor mit Tränen ausgespült worden.

Noch vor seinem Tod wurde ein Komet nach Hrabal benannt – allein das zeigt, wie bedeutsam seine Bücher, seine Texte, seine Lebensphilosophie für sein Heimatland geworden sind. Bohumil Hrabal ist für mich nach wie vor oft der Schlüssel, um Tschechien besser zu verstehen. Denn so kunstvoll seine Literatur auch ist, er hat immer über das normale und beschwerliche, das mal tragische, das mal komische Leben der einfachen Leute geschrieben. Liest man Hrabal, dann liest man sozusagen eine alternative Chronik seines Heimatlandes. Betrachtet man sein Leben und seine Sicht auf die Welt, dann erschließen sich viele Zusammenhänge: Wie kann selbst in größter Düsternis die Kraft noch für ein Lächeln reichen? Warum sind, frei nach Hrabal, nur die Niederlagen unser größter Sieg? Und wieso gilt ausgerechnet die verqualmte Kneipe als das tschechische Wohnzimmer schlechthin?

Die Neigung zum Bier war Bohumil Hrabal tatsächlich in die Wiege gelegt. Er wurde 1914 im mährischen Brünn geboren, doch zog er schon als Kind um ins beschauliche Nymburk, ein nicht mal eine Zugstunde von Prag entferntes Städtchen in der Region Mittelböhmen. Dort steht bis heute eine Brauerei, die nach wie vor jährlich Preise gewinnt für ihre Biere – und die vor allem für die Ewigkeit in den Texten von Bohumil Hrabal existieren wird. Sein Stiefvater František Hrabal – Bohumil war ein uneheliches Kind – arbeitete erst in Mähren, dann in der Brauerei von Nymburk und wurde schließlich sogar ihr Direktor. Der junge Bohumil fuhr mit seinem Stiefvater von Gaststätte zu Gaststätte und hörte den Gesprächen der Trinker zu, schon in frühen Jahren. Der wichtigste Einfluss war aber wahrscheinlich sein Onkel Pepin, der plötzlich in Nymburk auftauchte und letztlich sein ganzes Leben lang blieb. Seinem endlosen Strom an Geschichten, seinem ewigen Reden über das bitterschwere und komische Leben hörte Hrabal zu, er lauschte sich den wilden Rhythmus des gesprochenen Wortes ab, der seine Geschichten später so legendär machen sollte. Mit seiner Familie wohnte Hrabal in einer Dienstwohnung der Brauerei, bis 1947 sogar auf dem Gelände selbst.

Liest man Bohumil Hrabal, dann kommt man also der Magie der tschechischen Kneipe ein Stück näher. Und weit mehr als das. Man lernt auch ein Wort kennen, das Hrabal durch seine Geschichten geprägt hat: *Pábení*. »Bafeln«. Es gibt viele Definitionen des Bafelns, und des Baflers an sich sowieso. Die einfache Version: Bafeln, das ist das Erzählen beim Bier. Maßlose Übertreibungen inklusive. Die Bafler bafeln vom Leben – und fügen ihm immer noch eine Spur Fantasie hinzu. Bafeln gegen die Schwere. Bafeln gegen den Tod. Bafeln, damit man all die Schrecken der Welt überhaupt aushält. Bafeln aus lauter Übermut und lauter Einsamkeit. Bafeln, um gehört zu werden. Bafeln, anstatt zu schweigen. Bafeln um des Bafelns willen. Das Bafeln, diese urtschechische und von Hrabal in Worte gefasste Eigenschaft, ist im Laufe der Jahrzehnte schon zu einem Klischee geworden, das manchem Gegenwartsschriftsteller sogar etwas schwer im Magen liegt, weil es oft als Definition für das Wesen der tschechischen Literatur schlechthin verwendet wird – aber lauscht man den Gesprächen in der Kneipe zu fortgeschrittener Stunde, dann reibt man sich mitunter die Augen. Dann weiß man, auch wenn man nicht alles auf Tschechisch versteht: Ob sie es selbst wollen oder nicht, es gibt sie immer noch. Leibhaftig. Die Bafler.

Bohumil Hrabal hat sich mit dem Bafeln fast schon theoretisch auseinandergesetzt und es letztlich in seinem Buch *Leben ohne Smoking* mit einer Biermetapher auf den Punkt gebracht: Erst das Bafeln bringt einen Text zum Schäumen. Dem Authentischen würden »die Hefepilze der präzisierenden Fantasie« zugesetzt. »Diese fast chemische Reaktion«, notiert Hrabal, »nenne ich Bafeln.« Die Durchmischung von real Erlebtem und Erlittenem mit der Kraft der Fiktion und der Kunst der Übertreibung, Geschichten, die im Redefluss und beim fließenden Bier erträglicher und erzählbarer werden – darum geht es.

Sein ganzes Leben lang hatte Bohumil Hrabal ein Herz für die Ausgestoßenen und ihre Geschichten, für Menschen, die viel durchlebt und durchlitten haben. Hrabal selbst musste während seines Schriftstellerlebens auch viel durchleben und durchleiden, mal freiwillig, mal unfreiwillig. Vor dem Zweiten Weltkrieg studierte er vier Jahre lang Jura – die Okkupation durch die Nationalsozialisten verhinderte, dass er sein Studium abschließen konnte. Er wurde Schreiber bei der Eisenbahn. Und als Hrabal das zu weit weg von der wirklichen Wirklichkeit war, da arbeitete er eben an den Schienen. Schließlich absolvierte er eine Ausbildung und wurde sogar Fahrdienstleiter auf einem kleinen Bahnhof unweit von Nymburk. Und er kam 1942 fast ums Leben, als Partisanen einen Munitionszug der Deutschen in die Luft sprengten. Diese Geschichte, das ist das Hrabal'sche Prinzip, tauchte viel später in einem seiner Bücher wieder auf: In *Ostře sledované vlaky* nämlich, einem Roman aus dem Jahr 1965, der kurze Zeit später verfilmt wurde und unter dem Titel *Scharf beobachtete Züge* oder auch *Liebe nach Fahrplan* nach Deutschland kam. Der Regisseur war ein gewisser Jiří Menzel, und der Film wurde ausgezeichnet mit dem Oscar. Der junge Bahnamtsanwärter Miloš Hrma kämpft sich am Ende des Zweiten Weltkriegs durch die Irrungen und Wirrungen der Adoleszenz und muss am Schluss zwangsläufig zum Mann werden: Er sprengt einen deutschen Zug mit Munitionsnachschub in die Luft – und bezahlt die Heldentat mit dem Leben.

Als der Film seinen großen Erfolg feierte, war Hrabal schon ein bekannter Schriftsteller. Doch bis dahin war es nach Kriegsende ein weiter Weg: Hrabal zog nach Prag und beendete zunächst sein Studium. Er wurde tatsächlich Doktor der Rechtswissenschaften, auch wenn er den Beruf niemals ausübte. Stattdessen setzte er sich bewusst der Arbeitswelt aus – kurzzeitig beispielsweise als Versicherungsvertreter und Handlungsreisender. Dann schuftete er jahrelang in einem Hüttenwerk im rund vierzig Kilometer entfernten Kladno, fuhr morgens zur Arbeit und abends wieder zurück. Nach einem schweren Unfall und einer monatelangen Rehabilitation arbeitete er ab 1954 vier Jahre lang als Altpapierpacker, später dann ebenfalls einige Jahre als Kulissenschieber am Theater. Ja, dieser Hrabal arbeitete, ging in die Kneipe, schrieb, arbeitete, ging in die Kneipe, schrieb. Und warum diese Schinderei, warum die härtesten aller möglichen Arbeiten? Hrabal selbst antwortet indirekt darauf in einem seiner Bücher. Wir können uns zwar nicht darauf verlassen, schließlich ist es Fiktion, aber es klingt eigentlich ziemlich schlüssig, was Hrabals Mutter im Roman über ihn sagt: Einerseits, dass er ein furchtbarer Tollpatsch gewesen sei, was jede feinmechanische Arbeit von vornherein ausgeschlossen habe. Und andererseits merkt sie an: »Plackerei, das war sein Element, denn dabei brauchte er nicht zu denken.« Und wenn jene Plackerei gewissermaßen die eine tragende Säule seines Lebens darstellte, dann war das Bier vermutlich die andere. Restaurants mochte Hrabal nicht besonders, er schlug sich lieber durch die Kneipen seines Prager Stadtteils Libeň, den er unendlich liebte. Ein hartes Pflaster, ein authentischer Teil Prags, gar nicht so endlos weit vom Zentrum, aber doch so weit, weit entfernt von allem, was glänzt. Und das im Grunde bis heute.

In der Straße *Na Hrázi* wohnte Hrabal viele Jahre, in einer nach Schimmel riechenden und an sich ziemlich unkomfortablen Behausung blühte er auf, kam zwischenzeitlich kaum zum Schreiben, weil dauernd Freunde bei ihm zu Besuch waren oder gleich übernachteten. Halbseidene Gestalten, versponnene Künstler und verkrachte Existenzen interessierten ihn, inspirierten ihn, den begeisterten Trinker und übrigens ebenso begeisterten Intellektuellen, der oft ins Kino ging und die bildende Kunst verehrte.

Im Jahr 1962 hörte Hrabal auf mit der harten körperlichen Arbeit und widmete sich nur noch dem Schreiben. Schon sein Debüt wurde ein Riesenerfolg, ebenso seine weiteren Bücher, für die er viele Preise bekam. Oft musste nachgedruckt werden – und Hrabal trug seine Vorschüsse, so beschreibt er es selbst sogar, in einem Einkaufsnetz durch Prag, lud gern und oft den ganzen Tisch in der Kneipe ein und veranstaltete ausschweifende Feste in seiner Wohnung. Er reiste durch die Welt und war Gast bei Vorträgen und Kongressen, ja, er wurde berühmt. Doch dann kam das Jahr 1968.

Mit der Niederschlagung des Prager Frühlings und der Invasion der Sowjettruppen änderte sich auch Hrabals Schriftstellerexistenz schlagartig. Seine Bücher wurden verboten und eingestampft, er bekam, wie so viele Schriftsteller seines Landes, Publikationsverbot. Millionen von Büchern fielen der Zensur zum Opfer und wurden in diesen Jahren vernichtet. Hrabals neue Manuskripte kursierten nur noch in Form von Kopien in seinem Freundeskreis. An seinem sechzigsten Geburtstag stürmte die Polizei das Fest in der Kneipe, die Daten sämtlicher Gäste wurden aufgenommen und Hrabal selbst zu Verhören der berüchtigten Geheimpolizei einbestellt.

Ausgerechnet in jener Zeit, in der er es vor Furcht und Unruhe nie lange an einem Ort aushielt und kreuz und quer mit Bussen und Straßenbahnen durch Prag fuhr, entdeckte er den Rückzugsort, der bis ans Ende seines Lebens wichtig für ihn war: ein kleines Häuschen in der Waldsiedlung Kersko, nicht so weit von Prag, nicht so weit von

Nymburk. Zu den berühmtesten Zeugnissen aus Hrabals Leben zählen wohl die Fotos von dort, die man in Bildbänden über ihn findet. Der Schriftsteller in einer unüberschaubaren Schar von Katzen, selig lächelnd, obwohl er sonst häufig grimmig schaute auf Bildern.

Doch bei allem Glück, diesen Rückzugsort gefunden zu haben: Die Dunkelheit ließ sich nicht vertreiben. 1975 wurde ein Interview mit Hrabal veröffentlicht, und beim Lesen stutzt man noch heute angesichts seiner sonstigen Weltsicht: Plötzlich steht da ein eindeutiges Bekenntnis zum Sozialismus, letztlich also ein Einknicken vor den Herrschenden. Auch wenn Hrabal stets beteuerte, die betreffenden Aussagen niemals getroffen und das Interview nie mit seiner Unterschrift autorisiert zu haben: Viele seiner Leserinnen und Leser waren enttäuscht, und er wurde jahrelang für etwas kritisiert, das er, glaubt man ihm, selbst niemals in die Welt gesetzt hatte. Doch konnte er unter diesen Umständen wieder publizieren, wenn auch längst nicht alle Manuskripte es in der ursprünglichen Form durch die Mühlen der Zensur schafften, doch konnte er wieder ins Ausland reisen. Weiterhin war er allerdings den Repressionen der staatlichen Aufseher ausgesetzt, die zum Beispiel verhindern wollten, dass er seine der Zensur nicht genehmen Schriften in Samisdat-Verlagen veröffentliche, also auf inoffiziellen Wegen im Untergrund. In kleinen Auflagen, die an Eingeweihte weitergegeben wurden.

Dieser Konflikt machte Bohumil Hrabal immer wieder zu schaffen: Einerseits ein erfolgreicher und vom Regime geduldeter Schriftsteller zu sein, dessen Bücher in hoher Zahl gedruckt werden und meist sofort vergriffen sind, andererseits immer wieder dem Vorwurf der Angepasstheit ausgesetzt zu sein. Kein Wunder also, dass dieser Hrabal nach der Samtenen Revolution in den Neunzigern oft garstig zu Journalisten war, die ihn in seiner Stammkneipe *U Zlatého tygra,* »Zum Goldenen Tiger«, beim Bier mit Fragen überhäuften. Kein Wunder, dass er am Ende seines Lebens nicht mehr viel Kraft hatte. Der Regisseur Jiří Menzel bemerkt im Vorwort zu Monika Zgustovás lesenswertem Buch über Hrabal, dass die letzten Jahre seines Lebens »unverdient grausam« waren – trotz seines Ruhms und trotz der zahllosen Preise, die er für sein Gesamtwerk erhielt: »Seine Nerven waren durch das unaufhörliche Schnüffeln der kommunistischen Geheimpolizei und die unverschämte Neugierde der Journalisten, Touristen und Schaulustigen, die ihn ständig belästigten, stark mitgenommen.«

Das alles sind natürlich nur die Eckdaten dieses widersprüchlichen Lebens voller Gegensätze – will man Hrabal wirklich verstehen, will man wirklich den Versuch einer, nennen wir sie mal, alternativen Landeskunde anhand eines Baflers unternehmen, dann kommt man an den Büchern nicht vorbei, dann stehen in wenigen Zeilen von Hrabals Prosa mehr Dinge, als sich in Sätzen über ihn aufschreiben lässt. Nur womit anfangen?

Vielleicht tatsächlich mit *Die Bafler,* einem Bändchen von frühen Erzählungen? Oder mit *Schneeglöckchenfeste,* das von den Geschichten und Begebenheiten in Kersko erzählt? Oder direkt mehr oder weniger autobiografisch mit dem Roman *Ich dachte an die goldenen Zeiten*, in welchem Hrabal auf komische Weise von sich selbst erzählt, wie er in Prag zu einem erfolgreichen Schriftsteller wird – allerdings ausgerechnet aus der Perspektive seiner Frau? Mit dem verfilmten Bestseller *Ich habe den englischen König bedient* oder lieber doch mit einem der düstersten und schönsten Bücher namens *Allzu laute Einsamkeit*, in welchem der Held von seinem lauten und einsamen Leben berichtet, ein Mann, der seit Jahrzehnten die Altpapierpresse bedient und Bücher zerstört, die er selbst über alles liebt? Schon anhand dieser kurzen Aufzählung lässt sich ermessen, wie wichtig, vielfältig, düster und komisch Hrabals Werk ist – und wie sehr es sich lohnt, immer einen Hrabal in der Innentasche der Jacke zu haben, wenn man durch Prag oder durch den Rest des Landes streift.

Mein persönlicher Geheimtipp ist ein vergleichsweise weniger bekanntes Buch von Bohumil Hrabal, eine meiner immer wiederkehrenden Lieblingslektüren: *Leben ohne Smoking* besteht aus einer Sammlung von Texten, die eigentlich alles enthält, was Hrabal ausmacht. Eine Geschichte aus Nymburk, selbstverständlich mit dem Onkel Pepin als wichtige Figur, Streifzüge durch die Waldsiedlung in Kersko, Bier im *Goldenen Tiger,* ein *Leitfaden für den Baflerlehrling,* dann noch eine Liebeserklärung an Libeň und ein ausschweifender Versuch, die Frage nach den Gründen des eigenen Schreibens zu beantworten. Eine Geschichte lese ich wieder und wieder. Sie heißt einfach nur *Die Katze Autitschko* und handelt von Hrabals unermesslicher Zuneigung zu Katzen – und davon, wie der Erzähler irgendwann dazu gezwungen ist, einige gerade geborene Tiere zu töten. Das ist einer der innigsten, grausamsten, düstersten, modernsten und schönsten Texte, die ich jemals gelesen habe.

Einige der Orte, die für Bohumil Hrabal wichtig waren und über die er schreibt, können heute noch besucht werden: In Libeň erinnert direkt neben der Metrostation *Palmovka* eine bemalte Wand an Hrabals Leben – ausgerechnet dem Bau der Untergrundbahn musste nämlich damals die Behausung des Schriftstellers weichen. Und der *Gol-*

dene Tiger im Zentrum von Prag ist längst kein Geheimtipp mehr, die Touristengruppen drängen sich und bekommen im Zweifelsfall doch keinen Platz, man sollte also lieber nur einen kurzen Blick riskieren und dann den längeren Fußmarsch nach Libeň antreten, um dort ein Bier im Geiste Hrabals zu trinken.

Interessanter ist die Waldsiedlung in Kersko. Ich selbst habe sie mal an einem durch und durch grauen Oktobertag vor einigen Jahren besucht, lief durch die Wälder, trank einen Schluck Wasser von der Mineralquelle, konnte mir die fünfundzwanzig Katzen vorstellen, mit denen Hrabal an seinem Rückzugsort lebte – das alles war unspektakulär und still, das alles war nicht der Rede wert, und gerade deshalb lohnt es sich, die knapp einstündige Anreise mit Zug und Bus von Prag aus in Kauf zu nehmen. Um die Melancholie zu atmen, die hinter allen Hrabal'schen Bafeleien steht, die Stille jenseits der Bierstuben, wenn man so will.

Ein Detail geht mir nicht mehr aus dem Kopf, und so muss eigentlich auch dieser Versuch über den König der Bafler damit enden: Die Autorin Monika Zgustová erzählt am Ende ihres Buchs über Bohumil Hrabal davon, wie sie ihn wenige Tage vor seinem Tod noch besuchte und wie er ihre Hand zum Abschied drückte. In ihrem *P. S.* beschreibt sie, welche Vorbereitung Hrabal traf, bevor er aus dem fünften Stock in den Tod stürzte: Er zog seine verwaschene Jeans an, und erst dann öffnete er das Fenster.

Wohnzimmercafés und Kohlenstaub: Eine Reise ins wilde Ostrava

Die großen Lautsprecher auf dem Bahnsteig scheppern, als würden sie sich permanent verschlucken. Das Bahnhofsgebäude sieht aus, als hätte sich seit Epochen nichts verändert, sozialistischer Charme oder Anticharme, das ist hier die Frage. Und beim ersten Einatmen weiß ich gleich, wo ich bin: Ein Geruch liegt in der Luft, als würden in einem Rekordversuch hundert Chemielabore gleichzeitig emsig an der Herstellung des perfekten Kunststoffs arbeiten. So ist Ostrava, und so ist es gut. Ostrava, hatte man mir gesagt, muss man wollen. Ostrava, hatte man mir gesagt, hat einen schlechten Ruf. Ostrava, hatte man mir gesagt, ist provinziell und viel zu weit vom Schuss. Ist unwirtlich und schmutzig und heruntergekommen. Ist keinen Besuch wert und wenn, dann nur mit angehaltenem Atem. Das Spiel könnte ich jetzt unendlich fortsetzen. Es gibt in Tschechien schöne Städte und hässliche Städte – und es gibt Ostrava. Es gibt schummrige Kneipen und es gibt düstere Kneipen – und es gibt die Kneipen von Ostrava. Es existierten Orte mit nicht ganz so gutem Klima, es existieren Orte mit stärkerer Luftverschmutzung – und es existiert Ostrava.

Aber ganz so postapokalyptisch, fand ich bei meinem ersten Besuch heraus, steht es gar nicht mehr um die industrielle Großstadt an der polnischen Grenze: »Die Luft ist schon viel, viel besser geworden«, versicherte mir jemand, »du kannst mittlerweile sogar im März manchmal schon morgens das Fenster aufmachen und bekommst keinen Hustenanfall mehr!« Trotz des immensen Drecks, den die Industriegebiete im Umland produzieren. Und so viel vorweg, schlechte Luft und schlechter Ruf hin oder her: Ostrava bringt es einfach. Ostrava ist wild, Ostrava muss man gesehen haben, Ostrava ist mit all seinem Anti-Glamour eindeutig meine Hauptstadt der Herzen. Das Gegenprogramm zu Prag, relativ weit weg mit dem Zug, man könnte auch sagen, ziemlich weit draußen vom Hauptstadtgesichtspunkt aus, aber all das macht es interessant: Ostrava muss man wirklich wollen. Und dann wird man auch von Ostrava gewollt. Sonst aber eben nicht.

Die Stadt war eine meiner Stationen während einer Lesereise durch Tschechien vor einigen Jahren. In jedem Ort bekamen die Gäste zur Begrüßung einige praktische Souvenirs geschenkt – meist handelte es sich um bedruckte Stofftaschen oder filigrane Papierbeutel mit einer Tafel Schokolade, einem Stadtplan, einem Schlüsselanhänger, einer Hochglanzbroschüre, in der gar nicht genug Platz war für die schönen und schönsten Ecken der jeweiligen Stadt. In Ostrava überreichte man mir ein Willkommensgeschenk, das ich bis heute besitze, obwohl es sich über die Jahre im Gegensatz zum klassischen Stoffbeutel schon etwas abgenutzt hat: Eine stahlblaue Plastiktüte mit dem Logo der Stadt, drei Ausrufezeichen nämlich. In der Tüte: Ein kleines Pferdchen aus Holz, dem Stadtwappen nachempfunden, eine Broschüre über die Stadt, in der ich unter anderem den Satz *Liebe auf den zweiten Blick* entdeckte – und, das absolute Highlight, das ich immer noch ungetrunken in meinem Bücherregal präsentiere: Eine Aluminiumdose mit Energydrink, ebenfalls in dunklem Blau gehalten und mit den drei markanten Ausrufezeichen dekoriert. Ehrliche Imagepflege, könnte man das auch nennen: Stahlblaue Plastiktüte und Aufputschmittel, um die Angelegenheit zu überstehen. So ist Ostrava, so und nicht anders muss man diese Stadt nehmen. Die drei Ausrufezeichen, las ich später, haben übrigens mehr als nur eine starke bildliche Bedeutung: Sie stehen für Dynamik, Energie, Selbstbewusstsein.

All das kann Ostrava gut gebrauchen, denn die Stadt hat stark gelitten unter dem Strukturwandel der jüngsten Vergangenheit. Das spürt man schon bei der ersten Fahrt mit der Straßenbahn. Etwa jede zweite Station, so kommt es mir vor, ist eine ehemalige Kohlengrube. Das Stadtbild ist geprägt von Fördertürmen, doch spielt der Bergbau längst keine Rolle mehr. Hier sprechen die nackten Zahlen für sich: Lebten 1991 noch fast 330 000 Menschen in Ostrava, lag die Einwohnerzahl im Jahr 2014 schon nur noch bei rund 294 000. Damit ist Ostrava direkt hinter Brünn aber immer noch die drittgrößte Stadt Tschechiens.

Natürlich wird Ostrava dem Ruf einer Großstadt durchaus gerecht: Es gibt ein großes Theater und ein weit über die Stadt hinaus bekanntes Orchester, es gibt Museen und Galerien im alten Stil, es gibt den historischen Stadtkern. Doch spürt man im Grunde überall, warum Ostrava nach dem Zweiten Weltkrieg zu sozialistischen Zeiten die Bezeichnung *Stählernes Herz der Republik* verpasst bekam: Fabrikhallen und Schornsteine, Stahlwerke und Fördertürme, egal, wohin man blickt. Und Ostrava hat für meinen Geschmack das Beste daraus gemacht: Unbedingt muss man sich *Dolní Vítkovice* anschauen – mit der Straßenbahn aus vom Zentrum sehr schnell zu erreichen. Es handelt sich dabei um eines der größten Industriedenkmäler Europas, das Gelände wurde schon im 19. Jahrhundert industriell genutzt. Auf engster Fläche gab es eine Zeche, eine Kokerei, ein Chemiewerk und Fabrikhallen zur Herstellung von Stahl. Die letzte Kohle wurde hier im Jahr 1994 gefördert, vier Jahre später schlossen auch die Stahlwerke für immer ihre Tore. Heute ist das Areal für Besucher geöffnet, man kann bei entsprechender Schwindelfreiheit und mit gelbem Sicherheitshelm Führungen mitmachen, die die Gäste ganz nach oben auf die Industrieanlagen bringen.

Aus den Gebäuden der Schwerindustrie sind heute Orte der Kultur geworden. Es gibt eine ausgesprochen schöne Galerie für zeitgenössische Kunst und ein Technikmuseum für Kinder, außerdem wurde ein großer Veranstaltungsraum geschaffen. Eins hat sich aber bei der Sanierung nicht vertreiben lassen und wird wohl auch in einigen Jahrzehnten noch vorhanden sein: Man riecht die Arbeit, man hat den schmutzigen Fabrikgeruch in der Nase, während man sich die hochglänzenden Kunstwerke anschaut. Es hängt in den Wänden und es geht nicht weg.

So hat also neben Prag auch die Stadt Ostrava ihren Regierungssitz, wenn man so will – es gibt kein schöneres Bild für den Unterschied zur Hauptstadt: Das Areal von Vítkovice wird wegen seiner markanten Erscheinung als *Ostravské Hradčany* bezeichnet, als Hradschin von Ostrava.

Natürlich kann man die Gepflogenheiten in Ostrava keinesfalls mit denen der tschechischen Hauptstadt vergleichen. Das hört man, sobald man sich durch die Stadt bewegt. Im böhmischen Prag wird gedehnt gesprochen und, nehmen wir mal wieder das Beispiel der Kneipe, auch gern sehr viel erzählt. Im mährischen Ostrava ist nicht nur die Aussprache der Wörter regionsbedingt kürzer, überhaupt redet man nicht so viel. »In den Kneipen«, erzählte mir der Dichter Petr Hruška, der in Ostrava geboren ist und bis heute dort lebt, »wird viel getrunken und wenig geredet.« Die vielen Bergleute seien früher erschöpft von der Arbeit unter Tage gleich in die erste Kneipe neben der Zeche gegangen, um ihren Lohn zu vertrinken – und dann wieder in den Untergrund zu fahren. Ein Teufelskreis sei das gewesen. Das hat natürlich bis heute Konsequenzen: Es geht authentisch und robust zu in den nach wie vor existierenden Bergarbeiterkneipen. Wer viel redet, der macht sich verdächtig. Weil er entweder nicht trinken kann oder möglicherweise etwas zu verbergen hat. »Dementsprechend ist es«, sagte Petr Hruška, »von einem Gruß bis zum Schlag ins Gesicht ein viel kürzerer Weg als woanders.« Er muss wissen, wovon er spricht: Für einen Gedichtzyklus hat er rund zwanzig Kneipen in seiner Heimatstadt wieder und wieder besucht und die Menschen beobachtet, die dort tranken.

Nach einigen Besuchen in der Stadt habe ich das Gefühl, dass die, nennen wir sie mal, postindustrielle Mischung gerade stimmt, dass da ein Aufbruch in der unbestreitbar nicht so sauberen Luft liegt, dass die Stadt sogar von dem ihr immer noch anhaftenden Negativimage profitiert: Es stimmt, nach Ostrava muss man wollen. Aber ist man erst dort, dann entdeckt man allerlei Dinge, die einfach nicht zu erwarten sind. Eine Absinth-Bar zum Beispiel, gegründet von einem Schauspieler, die zum Sammelbecken für die

Künstler und Intellektuellen der Stadt geworden ist. Um Einlass zu bekommen – wobei das, um das Geheimnis nicht allzu groß zu machen, nicht immer sehr streng gehandhabt wird –, muss man an der Tür klingeln und durch die Gegensprechanlage ein Kennwort mitteilen. Stimmt es, dann öffnen sich dem Absinthrausch im wahrsten Sinne des Wortes Tür und Tor. Es gibt also noch eine Menge Freiräume. Die Mieten sind sehr niedrig und die junge kreative Szene hat genug Platz, um sich auszutoben. Mitten in einem ganz gewöhnlichen Altbau findet man zum Beispiel ein Wohnzimmercafé, die *Kavárna Daniel* in der *Žerotínova*. Man steigt einige Stockwerke hoch und betritt eine Wohnung, die im Grunde so gelassen wurde, wie sie war: In einem Zimmer steht eine Bar; die übrigen Räume sind voller Retro-Möbel, zahllose alte Familienfotos hängen an den Wänden. Und der Ausblick aus dem Wohnzimmercafé durch die alten Fenster ist fast so einmalig wie das Prager Stadtpanorama – nur eben in Ostrava-Manier. Man schaut auf Plattenbauten und auf einen der stillgelegten Fördertürme in der Nähe. Es ist ein ehrlicher, ja, ein auf seine eigene Art wunderschöner Panoramablick. Drei Ausrufezeichen.

Die Prager Abende und Nächte: Warum es sich lohnt, durchzumachen

Ganz allgemein nehmen die Abende in Prag oft einen anderen Ausgang, als ich es am Nachmittag noch gedacht habe. Und das sogar unter Berücksichtigung der schon ausführlich geschilderten Lebenslüge vom *kleinen Bier*. Egal, ob in der Woche oder am Wochenende: Es kann immer und vor allem immer überraschend passieren, dass man erst im Morgengrauen ins Bett kommt. Und das, obwohl die Abende in aller Regel früher anfangen als in Deutschland. Tendenziell beginnen Veranstaltungen nicht so spät, Partys nehmen nicht erst weit nach Mitternacht Fahrt auf. Vielleicht, so meine Vermutung, wird auch deshalb offiziell ein etwas früherer Beginn angesetzt, weil es mit der Pünktlichkeit so eine Sache ist: Mindestens eine Viertelstunde geht bei fast allen Gelegenheiten. Ohne dass man sich dafür großartig entschuldigen oder erklären müsste.

Neben dem Klassiker der Abendgestaltung in Form von diversen Besuchen diverser Kneipen gibt es gerade in Prag natürlich viele Möglichkeiten: Cafés haben oft bis weit in die Abendstunden hinein geöffnet, ebenso die Weinstuben, die manchmal zwar etwas versteckt sind, aber im Gegensatz zu den meisten Kneipen in der Tat ausgesprochen gute Weine im Angebot haben. Das Kulturprogramm der tschechischen Hauptstadt muss an dieser Stelle nicht besonders gewürdigt werden, es ist umfangreich, es ist vielseitig, es ist mit den Jahren immer offener und immer moderner geworden. Auch lohnt sich ein Blick in die Kinopläne, es gibt im näheren Umkreis um die Innenstadt allein fünf Programmkinos, die oftmals aktuelle Filme aus Tschechien und dem Rest der Welt mit englischen Untertiteln zeigen. Mein persönlicher Favorit, und zwar zu jeder Jahreszeit, ist dabei das *Kino Aero* in Žižkov – es gehört zu den mit Abstand ältesten Kinos der Stadt und ist in einem Hinterhof gelegen, wo bei entsprechenden Temperaturen vor und nach dem Film der Biergarten geöffnet ist.

Neben zahlreichen Klassik- und Jazzkonzerten, die zum Prager Standardrepertoire gehören und oft auch sehr touristisch gehalten sind, sollte man unbedingt mal das Konzert einer tschechischen Band gesehen haben. Oft spielen sie im Keller von Kneipen oder neu eröffneten Cafés, und es ist für mich dabei vor allem faszinierend, das tschechische Publikum zu beobachten. *Begeisterungsfähig* ist eindeutig ein zu schwaches Wort für das, was ich auch bei kleineren und nicht so gut besuchten Konzerten einheimischer Bands erlebt habe: Ein Lied, und es wird mitgesungen, zwei Lieder, und es wird getanzt, und spätestens ab dem dritten Stück ist das Publikum, egal ob es aus zehn oder hundert Leuten besteht, außer Rand und Band. Gerade im Vergleich zu Deutschland macht dieses Erlebnis schon einen Unterschied. Ich will gar nicht behaupten, dass das deutsche Publikum nicht in der Lage ist, aus sich herauszugehen – doch fällt es ihm zumindest wesentlich schwerer als den Tschechinnen und Tschechen. Eine Beobachtung übrigens, die schon viele meiner deutschen Freunde bei Konzerten in Prag bestätigt haben.

Im Sommer steigert sich das Repertoire der abendlichen Möglichkeiten natürlich geradezu ins Unermessliche: Zwar hat die Menge an Besuchern in den letzten Jahren eindeutig zugenommen, dennoch findet sich mit etwas Glück und am richtigen Tag immer noch ein ruhiger Ort irgendwo am Ufer der Moldau, und dann braucht es im Grunde nur eine Flasche Wein und zwei Plastikbecher, um auf den Sonnenuntergang und die ersten Sterne über der Stadt zu warten. Im Sommer, außer vielleicht im August, wenn es in der Stadt mitunter unerträglich heiß ist und die meisten Prager*innen und Prager vor der Hitze geflohen sind, hält es fast niemanden abends in der Wohnung. Die Straßen, Parks und Biergärten sind voller Menschen, und es gibt an manchen Tagen einfach keinen triftigen Grund, sich früh schlafen zu legen. Auch dann nicht, wenn am nächsten Tag die Arbeit wartet – die funktioniert, diese Erfahrung habe ich schon oft gemacht, in Prag auch manchmal mit sehr, sehr wenig Schlaf.

Unabhängig von der Jahreszeit ist natürlich auffällig, und das gilt definitiv zumindest für Stadtteile wie Žižkov, dass die Straßen eigentlich niemals wirklich zur Ruhe kommen. Irgendwas ist immer los. Und hat auch die letzte Kneipe irgendwann geschlossen, dann muss das noch nicht das Ende des Tages sein. Zwar genießen die *Nonstops,* also meist vierundzwanzig Stunden am Stück geöffnete Bars, die über einen Raum mit Spielautomaten verfügen, einen etwas zweifelhaften Ruf, aber ich selbst habe bislang nur gute Erfahrungen mit den letzten Alternativen nach Kneipenschankschluss gemacht: Schlimmstenfalls wird man ein wenig von den Stammgästen belächelt, die ihr Leben an diesen Orten zu verbringen scheinen, in aller Regel kann man aber in Ruhe sein Bier trinken oder sogar in aller Ruhe einige Kronen verlieren am Automaten. Und natürlich der Nachtseite der tschechischen Hauptstadt zusehen und zuhören: Einmal kam ein Typ in ein *Nonstop*, ging selbstbewusst zur Bar und fragte nach einem Bolzenschneider. Als sein Wunsch von der Kellnerin in ruhigem und sachlichem Ton abschlägig beschieden wurde, entschuldigte sich der Fragende ebenso ruhig und sachlich und verschwand wieder in der Prager Dunkelheit.

In einigen *Nonstops* findet sich sogar eine altmodische Jukebox – und mindestens ein denkwürdiges Ereignis ist mir in diesem Zusammenhang eindrücklich im Gedächtnis geblieben. Es hatte mit tschechischen Gassenhauern zu tun und mit einem plötzlichen Bewegungsdrang einiger beteiligter Personen. Fest steht, dass ausgerechnet an diesem von der Grundstimmung her eher tristen Ort zwischen letzter Spelunke und Spielhölle plötzlich mitten in der Nacht getanzt wurde, und zwar lang und wild. Das meine ich mit der Unvorhersehbarkeit der Prager Abende: Jene Nacht, die beim Tanzen in einem *Nonstop* endete, hatte am späten Nachmittag ganz zivilisiert mit einem Tee begonnen. Und von da an war alles wie selbstverständlich passiert, als gäbe es gar keine andere Dramaturgie an einem, wenn ich mich richtig erinnere, ganz normalen Dienstag.

Wenn man schon so weit gekommen ist, dann sollte man sich die Belohnung nicht entgehen lassen. Eins der schönsten Dinge überhaupt. Natürlich muss man dafür vollkommen übermüdet und übernächtigt sein, das gehört einfach dazu: Wenn die Nacht sich langsam verkriecht und die

Sonne aufgeht, wenn der Straßenverkehr langsam zunimmt und die ersten regulären Bahnen noch sporadisch durch die Stadt fahren, dann ist die richtige Zeit, um über die Brücken der Moldau zu spazieren und eine Runde zu drehen. In diesem Augenblick, und das sage ich ohne Pathos, denn es ist nichts als die Wahrheit, macht die Sonne wirklich alles golden, strahlen die Dächer im gleißenden Morgenlicht, wie es sich auf einem Foto kaum abbilden lässt. Das ist der Lohn fürs Durchmachen. Und ist die Sonne erst am Himmel, dann ist man eh zu aufgekratzt für die verspätete Nachtruhe, dann kann man auch gleich weiter beobachten, wie die Stadt sich müde den Schlaf aus den Augen reibt, und warten, bis die ersten Cafés oder Bäckereien öffnen.

Abschied auf dem *Vyšehrad*: Ungeprüfter Touristenführer VII

Nun werde ich doch noch sentimental. Ihre Abreise steht bevor, und Sie haben sich wirklich tapfer geschlagen. Denn anstatt Ihnen die Sehenswürdigkeiten der Stadt professionell und im Stil eines geschulten Touristenführers darzubringen, habe ich geredet, geredet und geredet. Sie wissen jetzt viel über mich und über meine Liebe zu dieser Stadt, die manchmal sogar Krallen hat. Sie wissen jetzt, was ich über tschechisches Bier, tschechischen Käse, tschechischen Humor und tschechische Kafkareien denke. Sie wissen außerdem, und darauf bin ich ein bisschen stolz, wie Sie es schaffen können, sich ihre Prager Tage in Cafés und Kneipen um die Ohren zu schlagen und manchmal sogar dort zu spazieren, wo ein wirklich patenter Touristenführer Sie niemals hingeführt hätte. Natürlich, Sie haben von mir fast nichts erfahren über die Architektur und Geschichte der Altstadt, es ist mir durch meine erbarmungslose Ungeschicklichkeit ja sogar gelungen, mir einen Rundgang durch die Menschenmassen zu ersparen.

Am Ende unserer gemeinsamen Zeit, bevor Sie den letzten Zug des Tages zurück nehmen, will ich Ihnen jetzt aber noch einen meiner Lieblingsplätze in Prag zeigen. Hier bewegen wir uns zwar auf touristisch sehr erschlossenem Terrain, hier begegnen Ihnen auch an einem kalten Herbstsonntag schon früh die ersten Reisegruppen, aber dennoch, es lohnt sich, zum Schluss einer Prag-Reise den *Vyšehrad* zu sehen. Denn nicht nur unser anstehender Abschied macht mich sentimental, der Ort selbst tut es auch immer wieder. Wenn ich am Morgen auf den Hügel hinaufsteige, wenn ich auf die Moldau hinabblicke und die winzig gewordenen Straßenbahnen sehe und höre, wenn die Dächer der Stadt im wabernden Frühnebel liegen, dann bin ich mit allem versöhnt. Leider reicht unsere Zeit nicht mehr, Sie sollen ja Ihren Zug bekommen, um uns noch ausführlich der St.-Peter-und-Paul-Kirche aus dem 11. Jahrhundert zu widmen, dies kann ich Ihnen aber für das nächste Mal empfehlen. Ebenso sollten Sie den Vyšehrader Friedhof besuchen, wo im Laufe der Geschichte viele bedeutende Persönlichkeiten des Landes ihre letzte Ruhe gefunden haben.

Ein bisschen Zeit bleibt aber doch, um Ihnen wenigstens noch kurz etwas über die Geschichte zu erzählen: Der Hügel des *Vyšehrad* ragt, wie Sie sehen, steil über dem rechten Moldauufer auf – und er hat eine historische Dimension sondergleichen. Was ich natürlich wieder erst viel später mitbekam, als ich schon mehrmals dort gewesen war. Zahlreiche – mittlerweile wissenschaftlich widerlegte – Legenden ranken sich um den Hügel, und die gehen bis zu den historischen Wurzeln des Landes zurück. Angeblich soll die sagenhafte Fürstin Libuše, mythische Stammmutter der Tschechen, hier gelebt und die Gründung der Stadt Prag vorausgesagt haben. Sie stand auf dem Hügel, sah auf den Fluss und soll plötzlich einen Ort gesehen haben, dessen Ruhm bis zu den Sternen reichen würde.

Sie werden diese Emotionen nachempfinden können, wenn Sie sich auf eine der Bänke auf dem *Vyšehrad* setzen und einfach nur noch Augen und Ohren für die Stadt unter Ihnen haben. Ob sie nun bis zu den Sternen reicht, ob es mit dem Ruhm geklappt hat, ob Sie an Wahrsagerei glauben oder nicht: dieser Ausblick, so prophezeit es Ihnen Ihr Reiseführer, wird eine intensivere Erinnerung sein als jedes Foto und jede Postkarte. Da sind die historischen Gebäude, da sind die Viertel und die Straßen, in denen das Leben seinen Gang geht, da ist die prächtige Architektur, mitunter brutal zerschnitten von der Stadtautobahn, deren Rauschen man auch hier oben ständig im Ohr hat, da sind die Plattenbausiedlungen und da sind die Bausünden und da sind die schönsten und schmutzigsten Ecken, da ist das ganze Prag in all seiner, nun ja, Magie, die es wirklich gibt, nur so ganz anders, als es die Prospekte des Stadtmarketings so unbedingt versprechen wollen. Genießen Sie also diesen Ausblick noch für einige Minuten, Ihr reservierter Zug geht ja erst in einer knappen Stunde.

Was sagen Sie? In zehn Minuten schon? Ob wir das noch schaffen können? Ob es nicht doch noch einen späteren Zug gibt? Ich fürchte nicht. Sind Sie jetzt sauer auf mich? Machen wir das Beste daraus. Hängen wir noch ein paar Tage an.

Geschichte im Nebel:
Ein Ausflug ins Altvatergebirge

Manchmal, wenn die Dunkelheit hereingebrochen ist über diesem dünn besiedelten Landstrich, dann ist da nur noch der Wind. Manchmal ist es so still, wie wir es gar nicht mehr gewohnt sind. Manchmal muss man einige Schritte durch den frisch gefallenen Schnee laufen und den Atem anhalten, weil man ihn plötzlich hören kann, durch die Stille hindurch: den Herzschlag des Altvatergebirges.

Vielleicht ist das ja der beste Grund, in diese Gegend aufzubrechen: Um den Puls der Landschaft zu spüren, die schon so viel gesehen und so viel mitgemacht hat. Dieses Gebiet, das den Deutschen gehört hat und den Tschechen und allen zusammen und keinem. Von Prag aus dauert es nach *Jeseník*, Freiwaldau, einer Kreisstadt im Altvatergebirge, rund viereinhalb Stunden mit dem Zug. Ein Umstieg, und man ist im Gebirge im Nichts, in den Wäldern mitten in Mitteleuropa. Ein vergessenes Stück Welt, irgendwo an der polnisch-tschechischen Grenze. Wohin sich zumindest im Winter kaum jemand verirrt. Sechsundfünfzig Gipfel im Altvatergebirge sind höher als 1000 Meter. Die Sommer können sehr warm sein und die Winter eisig kalt. Es kommen durchaus Touristen, die Einsamkeit und Stille suchen. Sie bringen der Region zwar Einnahmen, aber das genügt nicht. Es gibt kaum noch Arbeit in der Gegend. Keine großen Fabriken, die wirklich viele Menschen beschäftigen. Weil sie keine Perspektive sehen, ziehen viele junge Leute weg. Und doch sind da diejenigen, die hier ihr Herz verlieren. Die Enthusiasten. Die Suchenden, die Mutigen, die von den Metropolen der Welt Ermüdeten, die genau hier etwas aufbauen, die genau hier ihre neue Heimat gefunden haben.

Von Jeseník aus, dieser kleinen Stadt mitten im Altvatergebirge, sind es 250 Kilometer nach Prag. Fährt man über den Gebirgssattel nach Osten, erreicht man nach 250 Kilometern Krakau. Oben auf dem Berg von Jeseník steht das Kurhotel *Priessnitz*. Es ist berühmt geworden für seine Wasserkuren. Der bekannte Wiener Architekt Leopold Bauer hat das prächtige und zugleich einschüchternde Gebäude im Jahr 1910 gebaut. Ein Hotelpalast im Sezessionsstil. Er könnte die einsame Kulisse für ein schauriges Wintermärchen sein, bei dem nicht so recht klar ist, wie es am Ende ausgehen wird. Man bekommt nicht viel mit vom Kurbetrieb, wenn man als normaler Hotelgast dort übernachtet. Die kurenden Gäste huschen über die Flure und verschwinden in den Behandlungsräumen, sogar ihr Frühstück nehmen sie getrennt von den Hotelgästen ein. Und man wird das Gefühl nicht los, dass die Zeit oben auf dem Berg still steht.

Unten, in der Nähe des Marktplatzes, ist das Kreisarchiv von Jeseník. Unter anderem findet man dort, jenseits all der Dokumente, die von großer Geschichte und Politik erzählen, die für die Gegend wichtig waren, ein Buch über die süße Eberesche. Ein Baum, eine Frucht, die aus dieser Gegend hier stammt und sich seit der zweiten Hälfte des 19. Jahrhunderts vom Altvatergebirge aus in der ganzen Welt verbreitet hat. Bis heute macht man aus den Früchten der Eberesche Marmelade und Likör.

In den Räumen des Archivs fließen Vergangenheit und Gegenwart zusammen. Dort lagern sie, die Geschichten der Gegend, die von Weggehern und Heimkehrern erzählen, von Konflikten und Versöhnung. Zwischen Tschechen. Und zwischen Deutschen. Jeseník hieß früher Freiwaldau. Vor vielen Generationen – seit dem 12. Jahrhundert schon – siedelte sich die deutschsprachige Bevölkerung im Altvatergebirge an. Weil es da noch Arbeit gab, im 19. Jahrhundert vor allem im Bergbau. Steinbrüche und die Textilindustrie spielten ebenfalls eine große Rolle. Es ging der Gegend verhältnismäßig gut. Heute leben in der gesamten Region nur noch 40 000 Menschen.

Nach dem Zweiten Weltkrieg hat die Vertreibung der deutschsprachigen Bevölkerung die Einwohnerzahl massiv dezimiert. Zuerst gab es die Phase der sogenannten *wilden Vertreibungen*, bei der es brutal zuging und deutschsprachige Bewohnerinnen und Bewohner der Gegend umgebracht wurden. Es folgte die zweite, sozusagen offizielle Phase der Vertreibung: Insgesamt sechsundvierzig Zugtransporte gab es allein aus dem Kreis Jeseník, dort blieb danach von den ursprünglich 70 000 Einwohnern nur noch die Hälfte übrig. Ganze Dörfer wurden eingeebnet, von manchen Ortschaften ist nur eine Allee zu sehen oder eine Dorfkapelle, wenn überhaupt. Danach ist es nie richtig gelungen, die Gegend neu zu besiedeln, sie hat sich nie ganz erholt. Das Altvatergebirge, erzählt mir die Kreisarchivarin, galt immer als harter Landstrich. Nicht sonderlich attraktiv, um sich hier neu anzusiedeln.

Und so tief die Wunde der Vertreibung auch sein mag: Jenseits der Politiker, die je nach Interessenlage und Land immer noch Schwierigkeiten mit dem Thema haben und es für sich nutzen, begann der Prozess der Versöhnung zwischen Deutschen und Tschechen schon vor vielen Jahren. Direkt nach der Samtenen Revolution besuchte beispielsweise ein Sudetendeutscher seine alte Heimat – er wurde zum Ehrenbürger von Jeseník ernannt. Und heute kommen viele deutsche Besucherinnen und Besucher zur Eröffnung der Kursaison, zu Gottesdiensten, die auf Tschechisch und auf Deutsch stattfinden. Die Zeit der wechselseitigen Angst und Skepsis voreinander ist vorüber, man reicht sich wieder die Hand.

Und so hart der Ruf der Gegend auch sein mag: In letzter Zeit tut sich etwas. Langsam, aber kontinuierlich. Denn es gibt sie wirklich, die jungen Tschechinnen und Tschechen, die freiwillig ins Altvatergebirge ziehen, um ein neues Leben anzufangen. Sie kommen aus Olmütz, aus Brünn, aus Prag hierher, sie eröffnen Cafés oder geben verfallenen Bauten eine ganz neue Bedeutung: Junge Kreative aus der Hauptstadt beispielsweise haben eine kleine Kapelle mitten im Wald eigenhändig saniert, dort finden in unregelmäßigen Abständen Ausstellungen und Konzerte statt. *Die kleinste Galerie der Welt* nennen sie ihr Projekt im Altvatergebirge, und da ist wirklich was dran, finden doch maximal jeweils zwei Besucher nebeneinander Platz im Ausstellungsraum.

Natürlich muss man ein wenig robust sein und über Improvisationstalent verfügen, sich den Gegebenheiten der rauen Gegend anpassen: Auf einer Autofahrt liegt plötzlich ein Baumstamm auf dem Waldweg. Der Sturm der letzten

Nacht hat ihn umgekippt. Also muss gesägt und geschleppt werden, sonst gibt es kein Durchkommen. Aber die »Träumer des Altvatergebirges« wissen, was sie an ihrer Gegend haben. Spät in der Nacht werden manchmal in der einzigen Kneipe irgendwo im Wald Feste gefeiert, spontan natürlich, mit Gitarre, mit Trompete, mit Trommel, es wird getrunken und es wird gesungen, gegen den stürmischen Wind an.

Nur wenige Kilometer von Jeseník entfernt gibt es noch so einen »Träumer«, dessen Geschichte man hier nicht vermuten würde: Mitten im Altvatergebirge hat sich der Amerikaner Kyle J. Bairnsfather niedergelassen. Irgendwann in den Neunzigern kam der studierte Urbanist nach Ostrava, um dort einen Spielplatz zu planen, der einen Gegenentwurf zu den alten sozialistischen Konzepten darstellen sollte. Etwas später ereignete sich im nicht weit entfernten Altvatergebirge eine Naturkatastrophe, und nicht nur dort: Extreme Niederschläge sorgten 1997 für eine Flut, die in Deutschland als Oderhochwasser in die Geschichte eingegangen ist. In Polen und in Tschechien gab es Todesopfer zu beklagen und viele Tausend Menschen wurden obdachlos. Auch das Altvatergebirge wurde überflutet. Und Kyle Bairnsfather wurde gefragt, ob er helfen will: Weil er nicht nur internationale Erfahrung hatte, sondern auch Tschechisch sprach. So kam er also ursprünglich als Helfer in die Gegend – und sollte letztlich bleiben.

Im Altvatergebirge verliebte er sich und bekam Kinder. Und im Altvatergebirge setzte er eine Idee in die Tat um, die ihn bis heute beschäftigt: Er fing an, Absinth zu brennen und über das Internet weltweit zu verkaufen. Denn in den USA gab es, besonders aus Künstlerkreisen, eine große Nachfrage nach Absinth, nur war er kaum zu bekommen.

Das Konzept ging auf: Ein Foto an der Wand seiner Absinthbrennerei zeigt Bairnsfather zusammen mit dem Schauspieler Johnny Depp, nur einer seiner prominenten Kunden, die den Absinth aus dem Altvatergebirge lieben.

Ob sich der amerikanische Absinthbrenner hier wie am Ende der Welt fühlt? Überhaupt nicht. Eher mittendrin. Er erzählt eine Geschichte, um das zu untermauern: Vor seinem Haus verläuft eine Wasserscheide. Auf der einen Seite fließt das Wasser Richtung Norden, Richtung Polen also, und auf der anderen Seite fließt es in die Donau und ins Schwarze Meer. Hat er Freunde zu Besuch, dann überlässt er ihnen die Wahl – auf der einen Seite können sie ins Schwarze Meer pinkeln, auf der anderen Seite in die Ostsee.

Im Sortiment der Schnapsbrennerei findet sich noch ein bemerkenswertes Detail. Denn mit seinem Alkohol, und welcher Schnapsbrenner kann das schon von sich sagen, tut Kyle etwas für Völkerverständigung und Aussöhnung. In Form von Kräuterschnaps. Sein Name: *Sudetenbitter.* Und der dazugehörige Spruch auf der Flasche: »Trennt nicht, sondern verbindet.«

In diesem Altvatergebirge, wo der Nebel oft so dicht ist, dass man die Hand vor Augen nicht sieht, gibt es also nicht nur Stillstand. Und es gibt ihn doch, wortwörtlich sogar. Einer der Orte mit starker Symbolkraft, an dem es im Grunde nichts mehr gibt – und der allein aber schon die lange Reise an die tschechisch-polnische Grenze lohnt: *Stillstand* heißt ein untergegangenes Dorf in den Bergen. *Zastávka.* Ein von den Menschen verlassener Ort. Aber auch er wird nach und nach zurück in die Gegenwart geholt: Eine Gruppe von Enthusiasten hat sich des Ortes angenommen. *Brontosaurus* heißt die Organisation, sie kümmert sich um die verlassenen Dörfer, unter anderem. Die Verknüpfung von kulturellen und ökologischen Projekten, die mit dem Altvatergebirge zu tun haben. Die Leute von *Brontosaurus*, deren Initiative längst weit über die Region hinaus bekannt ist, sorgen dafür, dass Stillstand nicht vergessen wird. Ein Vertreter der Organisation zeigt mir den Ort, er führt mich gewissermaßen herum in dem Dorf, von dem nichts mehr zu sehen ist: Da vorn stand die Kirche. Und dort hinten die sehr kleine Schule, in der es nur einen Lehrer gab.

Was alle Kriege und Umwälzungen und Wirren überstanden hat: die Bäume. Die Mitglieder von *Brontosaurus* kümmern sich auch um sie. Birnbäume und Apfelbäume. In so großer Zahl und so verschieden, dass sogar Wissenschaftler darüber erstaunt waren. Ich laufe zwischen den Bäumen von Stillstand hindurch, ich klettere auf einen Hügel. Bei klarem Wetter kann man bis in die polnische Landschaft schauen.

Und dann ist da nur noch der Wind an diesem kalten Wintertag, nur noch das Rauschen der Bäume, nur noch der Puls dieser gar nicht so menschenverlassenen und gar nicht so unspektakulären Gegend – bis auch er sich plötzlich legt und das Altvatergebirge zur Ruhe kommt. Und mein Blick schweift über die endlosen schneebedeckten Berge, und für einige Momente ist es in Stillstand wirklich ganz still.

Einfach nur *lítost*: Ein Liebesbrief

Černý Most. Stadtrand. Die Türen schließen sich und die Metro setzt sich in Bewegung. Natürlich denke ich nur an Dich, woran denn auch sonst?

Ich bin wieder da.

Der Geruch, die Geräusche, der Rhythmus der Untergrundbahn. Eine ältere Dame steigt ein und nippt an ihrem Bier, das sie in einem Plastikbecher dabei hat. *Lítost* ist es, was ich fühle. Mit Kundera anfangen, mit Kundera aufhören. *Lítost* ist nicht übersetzbar, Wehmut plus X vielleicht, ich kann es Dir nicht erklären. Ja, wir haben schon so viel zusammen erlebt, wir haben all die Düsternis geteilt und die schönen Stunden. Ein Hochzeitspaar steigt zu und setzt sich nebeneinander, die Frau mit dem Bier prostet ihnen lachend zu, das Hochzeitspaar lächelt zurück. Und dann schauen sie sich selbst in der Spiegelung der Metrofenster an, der Untergrund bringt sie mitten ins Glück, oder sie kommen gerade schon daher. Ich fahre von Dir weg, ich fahre Dir entgegen. Warum, frage ich mich, als eine sehr alte Dame in einem prachtvollen roten Kleid einsteigt, sich gegenüber hinsetzt und mir direkt in die Augen schaut, bin ich hier immer so überwältigt vom Leben um mich herum? Ich denke an Dich, an wen auch sonst. Manchmal quälst Du mich so sehr, und ich kann Dich nicht mehr ertragen. Ich streiche Dich aus meinen Plänen und will nichts mehr von Dir wissen, wir sprechen einfach nicht dieselbe Sprache, wortwörtlich. Aber die Sehnsucht ist stärker, und habe ich Dich erst vor die Tür gesetzt, dann lasse ich Dich doch gleich wieder rein in mein Leben. Beinahe verpasse ich meine Station. Beinahe ununterbrochen haben die alte Dame und ich einander in die Augen geschaut.

Ich bin also wieder da. Das erste Mal wieder auf den Rolltreppen stehen und in den Tag fahren, mit Dir heißt ohne Dich, zum ersten Mal überhaupt fällt mir auf, dass die Stufen durchnummeriert sind. Ich kämpfe mich durch die Menschenmenge, ich steige auf den Uhrturm, um meinen Schlüssel abzuholen, er wird aufbewahrt von einer Verkäuferin, die auf dem Uhrturm kleine Modelle des Uhrturms verkauft. Ich denke so sehr an Dich, wenn Du nicht da bist, aber die Melancholie verschwindet ja auch nicht einfach so, wenn wir einander sehen, das weißt Du doch selbst ganz genau. Irgendwo spielt jemand auf seiner Gitarre *Let it be*, ich laufe weiter und weiter, und an der anderen Seite der Straße steht noch jemand, Gitarre, dasselbe Lied, *let it be*, ja, ich weiß.

Ich bin wirklich wieder da. Ich gehe zu Fuß und rieche die Straßen und Läden und Lokale, die ich schon lange kenne, und die Sonne scheint hier immer anders als anderswo. Ich laufe den Hügel hinauf und werfe meinen Rucksack in die Wohnung, um gleich wieder auf der Straße zu sein, ich denke darüber nach, Dir einen Brief zu schreiben, eine Art Liebesbrief will ich Dir schreiben, und gar nicht mehr versuchen, diese Liebe zu erklären, denn dann ist es ja keine Liebeserklärung mehr. Die Straßenbahnen ziehen vorbei, und die Aufregung und Freude und Wehmut ziehen durch meine Adern. Ganz schön schwer zu übersetzen, ich bin doch gerade erst wieder da. Du fehlst mir immer. Ich kann Dich nicht ertragen. Aus der Ferne beruhigst Du mich, aber in der Nähe machst Du mich wahnsinnig. Was soll das nur alles werden mit uns?

Gibt es eigentlich die alte gebeugte Dame noch, die den ganzen Tag am *Karlovo náměstí* steht? Hat sie immer noch ihren Eimer vor sich, verkauft sie immer noch ihre Blumen? Und ist immer noch jede Blume einzeln in ein Stück Zeitungspapier eingewickelt, eine ungeheure Arbeit, die in keinem Verhältnis zum Lohn steht? So oft habe ich daran gedacht, dass ich gern eine Blume kaufen und sie einfach so verschenken würde. Jetzt denke ich dabei an Dich.

Und ich habe plötzlich genau die Sätze im Kopf, die ich Dir schreiben werde in meinem Brief. Ich weiß plötzlich endlich, wie wir diese Angelegenheit lösen können. Ich greife nach meinem Stift in der Tasche und muss es aufschreiben, ich habe nur einen Papierfetzen bei mir, aber das reicht für den Augenblick. Als ich gerade losschreiben will, da spricht mich ein Bettler an, er bittet mich um fünf Kronen, und ich, mit meinen Sätzen im Kopf, die ich Dir sagen möchte, will ihm schnell ein Zwanzig-Kronen-Stück geben. Aber er wehrt ab, er schüttelt den Kopf und will schon weitergehen, da finde ich eine Zehn-Kronen-Münze in meiner Tasche, und er nickt und gibt mir mit feierlichem Ernst fünf Kronen als Wechselgeld heraus, um mehr hatte er mich nicht gebeten. Er drückt meine Hand, dann lächelt der Bettler und geht fort.

Ich bin bei Dir. Natürlich sind meine Sätze jetzt schon wieder verschwunden, natürlich weiß ich nicht, was ich Dir sagen wollte, vielleicht weiß ich es, aber es ist so schwer zu erklären, es ist so schwer zu übersetzen, also stecke ich meinen Stift in die Tasche und meinen Fetzen Papier, also lasse ich mich von den Straßenbahnen überholen, also gehe ich die Straße hinunter, während in der Ferne auf den Hügeln die Häuser meiner Stadt Prag im Sonnenlicht glänzen, ja, geradezu golden schimmern.

Pinguine, Rehböcke, Stille: Literarische Erkundungen

Es gibt eine Vielzahl von wunderbaren Büchern über Prag und Tschechien – und ebenso viele tschechische Autorinnen und Autoren, deren Bücher man während der langsamen Zugfahrten durchs Land lesen kann. Meine Empfehlungen sind also kein umfassender Überblick, wohl aber ein guter Einstieg. Manche Bücher sind nur noch antiquarisch zu bekommen, allerdings leicht zu finden:

Emil Hakl: *Treffpunkt Pinguinhaus. Spaziergänge mit dem Vater*
Einer der spannendsten tschechischen Gegenwartsautoren schreibt über Begegnungen mit seinem Vater. Einfühlsame Vater-Sohn-Geschichte und zugleich erfrischende Durchquerungen der tschechischen Hauptstadt.

Bohumil Hrabal: *Leben ohne Smoking*
Der ganze Hrabal-Kosmos in einem schmalen Band. Die ganze Magie des Biers und des Erzählens und Erfindens; ein Buch, nach dessen Lektüre man mit anderen Augen durch Böhmen spaziert.

Milan Kundera: *Das Buch der lächerlichen Liebe*
Erzählungen des berühmten Autors aus den Sechzigern – mitunter mit derbem Humor; zugleich durchstreift man Prag und Böhmen in Zeiten unmöglicher Lieben. Inklusive Karlsbader Kurschattenstory!

Ota Pavel: *Der Tod der schönen Rehböcke*
Erinnerungen an die Kindheit in Form von vermeintlich unspektakulären Geschichten. Eine Liebeserklärung an die böhmische Landschaft und deren Menschen.

Lenka Reinerová: *Närrisches Prag*
Die letzte deutschsprachige Autorin Prags verstarb 2008 im Alter von 92 Jahren – ihr literarisches Vermächtnis ist so einzigartig wie lesenswert. Prag aus besonderer Perspektive.

Jaroslav Rudiš: *Die Stille in Prag*
Fünf Menschen im Prag der Gegenwart und die Sehnsucht nach einer Welt ohne Lärm. Empfehlenswerter Einstieg in die Literatur eines gefeierten tschechischen Schriftstellers.

Reiner Stach: *Kafka. Die frühen Jahre*
Der letzte Teil einer unglaublich profunden Biografie über Franz Kafka – und zugleich eine literarische Schilderung Prags, die geglückter kaum sein könnte.

Quellenangaben

Bohumil Hrabal: *Ich dachte an die goldenen Zeiten*. Aus dem Tschechischen von Susanna Roth. Suhrkamp Verlag, Frankfurt am Main 1999.

Bohumil Hrabal: *Leben ohne Smoking*. Aus dem Tschechischen von Karl-Heinz Jähn. Suhrkamp Verlag, Frankfurt am Main 1995.

Franz Kafka: *Der Prozeß*. In: *Gesammelte Werke*, herausgegeben von Max Brod. Fischer. Taschenbuch Verlag, Frankfurt am Main 1983.

Franz Kafka: *Grosser Lärm*. In: *Drucke zu Lebzeiten. Werke in Einzelbänden in den Fassungen der Handschriften*, herausgegeben von Hans-Gerd Koch, Wolf Kittler und Gerhard Neumann. S. Fischer Verlag, Frankfurt am Main 1994.

Milan Kundera: *Das tschechische Los*. Aus dem Französischen von Markus Sedlaczek. In: *Lettre International*, Ausgabe 080, Frühjahr 2008.

Ota Pavel: *Der Tod der schönen Rehböcke*. Aus dem Tschechischen von Elisabeth Borchardt. Verlag Volk und Welt, Berlin 1973.

Ota Pavel: *Wie ich den Fischen begegnete*. Aus dem Tschechischen von Elisabeth Borchardt. Verlag Volk und Welt, Berlin 1976.

Besuchen Sie Polen. Ihre Seele ist schon dort.

Radek Knapp

Gebrauchsanweisung für Polen

Piper Taschenbuch, 160 Seiten
€ 12,99 [D], € 13,40 [A]*
ISBN 978-3-492-27536-1

Polen ist das Sehnsuchtsland der Deutschen. Woher aber rührt diese Sehnsucht? Ist es die Landschaft, der Wodka? Sind es die bezaubernden Frauen? Radek Knapp macht sich auf die Suche nach der slawischen Seele – zwischen Marienburg und Kaschubien, zwischen Danzig und Krakau. Er zählt die masurischen Seen, besucht eine echt polnische Hochzeit und stellt die Liebe der Polen zur freien Marktwirtschaft auf die Probe. Und er zeigt, dass es für das Nationalgericht Bigos ebenso viele Rezepte wie Köche gibt.

Leseproben, E-Books und mehr unter **www.piper.de**